KB077355

상처주지 않고
상처받지 않는

관계의 기술

## 상처주지 않고 상처받지 않는 관계의 기술

**초판 1쇄** 2022년 04월 15일

**지은이** 손효정 | **펴낸이** 송영화 | **펴낸곳** 굿위즈덤 | **총괄** 임종익

**등록** 제 2020-000123호 | **주소** 서울시 마포구 양화로 133 서교타워 711호

**전화** 02) 322-7803 | **팩스** 02) 6007-1845 | **이메일** gwbooks@hanmail.net

© 손효정, 굿위즈덤 2022, *Printed in Korea.*

**ISBN** 979-11-92259-11-6 03190 | **값** 15,000원

# 상처주지 않고
# 상처받지 않는

## 관계의 기술

손효정 지음

현실 행복을 위해 반드시 필요한 인간관계 지침서

굿위즈덤

어느 날 강가에 앉아서 흘러가는 강물을 멍하니 보고 있었다. 강물이 너무 아름다워서 눈물이 났다. 나는 오늘 저 강물에 빠져서 죽어버리면 어떨까 하는 마음으로 강가에 앉아 있었는데 내 마음과 다르게 무심하게 흘러가는 강물이 너무 아름답고 멋있어 보이기까지 해서 도저히 그럴 수가 없었다. 강물 위는 잔잔히 흘러가지만 강 속은 내 마음과 비슷하지 않을까 하는 생각이 들었다. 마음이 너무나 복잡하고 현실에서 도피하고 싶었다. 겉으로는 웃고 있지만 속으로는 매일 울고 있었다. 어떻게 살아가야 할지 답을 찾지 못하고 있었다. 잘못된 사업과 무리한 투자로 하루하루 피를 말리는 현실이 계속되었다. 어지간한 멘탈을 가진 나라고 자부했지만 이따금씩 커다란 짐이 내 어깨를 사정없이 눌러서 일어나기가 힘들 정도였다.

긍정 여왕이던 나도 어쩔 수 없는 일들이 많았다. 정신을 차리기 힘들지만 정신을 차려야 했다. 내가 얼마나 중요한 사람인지는 누구보다 내가 잘 안다. 일이 다 해결되고 다시 와야겠다는 마음을 먹고 나를 걱정하며 기다리는 아이들 얼굴을 떠올리며 그냥 실컷 울어주고 강가를 떠나 집으로 돌아왔다. 그 강가를 찾은 날은 그 이후로도 여러 번이지만 지금은 다른 마음으로 찾아간다. 다시 살아갈 힘을 얻었고 용기를 얻었고 생각의 방향이 바뀌었다.

생각을 바꾸고 다시 힘을 내는 데는 우연히 알게 된 〈한국책쓰기강사 양성협회〉의 김태광 대표님의 도움이 컸다. 내게는 너무나 감사한 분이고 내 인생을 바꾸어주신 고마운 분이다.

성공해서 책을 쓰는 것이 아니라 책을 써야 성공한다는 말이 처음엔 이상하게 들렸지만 책을 쓰면서 알게 되었다. 남들처럼 고학력도 아니고 무 스펙에 내세울 것이라고는 씩씩한 성격과 우리 가족이 다인 내가 이렇게 책을 쓰면서 다시 살아온 나의 인생을 돌아보고 나와 함께 살아온 내 주변인들을 돌아보는 계기가 되었다. 나의 주변에는 소중하고 고마운 분들이 정말 많았다.

어떤 관계이든 가족, 친구, 지인, 직장 등… 내 삶은 여러 사람들과 알게 모르게 연결되어 있었다. 나는 뭔가 대단한 조언이나 방법을 알려줄 수 있는 수준은 아니지만 마음에서 우러나는 진정한 위로를 전하고 싶다.

우리가 서로 상처받지 않고, 상처주지 않는 좋은 관계로 살아갈 수 있기를 진심으로 바라는 마음으로 정성껏 적은 글이다. 작게나마 위로가 될 수 있기를 바라고 또한 행복을 전해주기를 바라는 마음이다.

나는 다시 일어나서 시간이 다소 걸리더라도 피해를 끼친 분들에게 반드시 돌려드릴 것이고 도와주신 고마운 마음을 은혜로 돌려드리며 살 것이다. 그리하여 진정으로 원하는 행복을 누리며 살고 싶다. 늘 엄마를 응원하는 든든한 나의 아들 준호, 또 다른 나인 듯한 예쁜 내 딸 다솜, 영원한 나의 오빠인 남편 무성 씨에게 사랑과 감사를 전한다.

# 목 차

1장

|

사람은 힘들 때가 한두 번이 아니다, 왜일까?

2장

우리는 자신의 행복을 위해 관계를 공부해야 한다

3장

|

말투만 바꿔도 관계가 달라진다

# 4장

상처받지 않는 건강한 관계 만드는 법

5장

진심은 언제나 통한다

# 1장

사람은 힘들 때가
한두 번이 아니다,
—

왜일까?

# 사람은 힘들 때가
# 한두 번이 아니다,
# 왜일까?

사람에게는 태어나는 순간부터 사랑받고 사랑하며 행복하게 살고 싶은 욕구가 있다. 그럼에도 불구하고 사람 때문에 상처받고 사람으로 인해 힘든 날이 하루 이틀이 아니다. 왜냐하면 살아가는 모든 날이 관계의 연속이기 때문이다. 태어나면서는 가족과의 관계, 좀 커서 학교에 가면 친구와 선생님과의 관계, 어른이 되어서는 사랑하는 연인과의 관계, 직장에 들어가서는 상사와의 관계 등등…. 모든 세상살이가 관계로 이루어져 있다고 해도 과언이 아닌 것 같다. 이런 관계만 잘 맺고 살아도 행복한 인생을 살아갈 수 있다고 장담할 지경이다. 그렇다면 어떻게 하면 이 모든 관계를 잘 맺으며 살 수 있을까? 산속에서 홀로 사는 자연인이 아닌 이상 우리 모두 죽을 때까지 고민해야 하는 과제가 아닌가 싶다.

며칠 전 집 근처에서 식당을 운영하는 친구에게 작은 부탁이 있어서 전화를 한 일이 있다. 두 번, 세 번 해도 전화를 안 받길래 처음에는 일이 바빠서 못 받나 하고 생각했다. 그러다가 한 번 더 했는데도 안 받고 전화도 없었다. 이런저런 생각이 꼬리에 꼬리를 물었다. 혼자 밤새 '어디가 아픈가? 집에 무슨 일이 있나?' 그렇게 친구를 걱정하게 되었다. 그러다 결국은 '내가 그 친구에게 뭘 잘못했나? 내가 기분 나쁘게 한 일이 있나? 나를 왜 피하지?' 이렇게까지 모래성을 쌓고 무너뜨리며 혼자만의 생각에 빠져 잠도 못 자고 힘들어했었다. 나중에 알고 보니 갑자기 몸이 아파서 병원에 입원해 있었다고 한다. 나에 대해서 아무런 다른 마음이 없었다는 것이다. 연락을 늦게 해서 오히려 미안하다고 했다. 나는 정말 바보같이 혼자 상처받고 혼자 힘들어했던 것이다.

우리는 왜 이렇게 사람과의 관계를 힘들어할까? 내가 그 친구에게 그 친구가 좋아하는 작은 간식거리라도 주려고 갔다면 그런 생각을 안 했을 수도 있다. 그런데 나는 작지만 부탁을 하려고 연락했기 때문에 그런 생각을 하며 힘들어하지 않았을까?

사람은 서로 도움도 주고 폐도 끼치고 함께 살아가는 것이 맞다고 생각한다. 그런데 작은 것이지만 부탁을 하려고 하다 보니 관계에서 오는 어려움이 있었던 것 같다. 친구나 주변 지인들과의 관계는 이해타산이 없는 경우 좀 쉽게 맺어진다. 하지만 돈으로든 아이들 문제든 얽힌 일이 있다면 정말 힘들어지는 것 같다. 그렇지만 서로 아무런 문제로도 얽히지 않을 수는 없다. 어떻게든 이어져 있으니 정말 어렵고 잘해야 하는 것이 관계인 것이다.

사람은 사회적 동물이라 나와 관계가 있든 없든 사람들과 부대끼며 살아가게 된다. 배가 고파서 가까운 식당에 식사하러 가도 식당 입구에서부터 사람과 만나게 된다. 식당에 들어서는데 주인이 인상을 쓰고 대충 서비스한다면 그 식당 요리나 반찬이 아무리 맛있어도 기분이 별로일 것이다. 다음에 또 오고 싶은 마음도 사라질 것이다. 돈도 아까운 생각이

들 것이다. 대신 주인이 밝게 웃으며 친절하게 대해주면 요리가 좀 맛이 떨어지고 약간 비위생적이라도 다음에 친구도 같이 데리고 오고 싶어질 것이다.

주인의 입장도 마찬가지다. 식당 문을 들어서면서부터 밝게 웃고 다 먹고 나서도 "맛있게 잘 먹었습니다." 하면 식당 주인도 즐겁긴 마찬가지일 것이다. 반찬을 조금 더 달라고 할 때도 그냥 "더 주세요." 하지 않고 "반찬이 참 맛있네요. 요리하시는 분이 솜씨가 좋으신가 봐요. 많이 말고 조금만 더 주세요."라고 한다고 하자. 그럼 주인 입장에서는 그 손님을 단골손님으로 만들고 싶어질 것이다. 힘든 식당일도 즐겁게 할 것이다. 음료수라도 서비스로 더 챙겨주고 싶을 것이다.

이런 일련의 일들이 살아가면서 다 관계를 맺는 것이다. 하다못해 한 끼 식사를 하는 일에서도 기분이 나쁘고 상처를 받을 수 있는 관계의 연속인 것이다. 기분이 나쁘거나 상처를 받는 일은 하루에도 수십 번 일어날 수 있는 일이다. 일일이 다 대처하기에는 우리는 너무 바쁘고 마음의 여유도 없다.

우리는 행복하게 살고 싶어하고 남에게 폐 안 끼치고 나만 잘하면 된다고 생각한다. 그런데도 이상하게 우리는 자꾸 상처를 주고 상처받으며 살아가는 것 같다. 그것은 우리가 사람과의 관계에 대해 어디에서도 배운 적이 없어서 그런 게 아닐까? 어릴 적부터 우리는 열심히 공부해서 좋은 대학에 가야 한다는 얘기를 들으며 자란다. 그러곤 좋은 직장에 취직해서 남들 결혼할 때 결혼도 하고 아이도 낳아야 한다는 소리를 듣곤 한다. 그렇게 남들처럼 살아야 한다고 귀에 딱지가 앉도록 듣는다.

하지만 사람들과의 관계를 잘 맺어 마음이 풍요롭고 행복하게 살아야 한다는 말은 들은 적이 없다. 어디에서도 배운 적 없이 그냥 생활하며 몸으로 체득한 것이 다다. 할머니랑 자란 아이들이 트로트를 좋아하고 고스톱도 잘 치고 사투리를 구수하게 구사하는 것과 같은 것이다.

얼마 전에 딸이 직장에서 돌아왔는데 눈이 부어 있고 목소리도 안 좋았다. 조심스럽게 물어보니 남자친구와 싸우곤 서러워서 울었다는 것이다. 마음은 좀 아팠지만 '젊어 연애할 때만 누릴 수 있는 특권이다.'라고 생각하고 그냥 넘어가려 했다.

그러다가 무슨 일로 그러냐고 지나가는 말로 살짝 물어봤을 뿐인데 딸은 서러움을 폭풍처럼 풀어놓는 것이었다. 속으로 많이 당황했지만, 그때도 느낀 것이 있다. 서로 죽고 못 살도록 사랑해도 서로에게 거는 기대가 크고 소통이 안 되면 서로 울리고 우는 마음 아픈 관계가 된다는 것 말이다. 평상시에는 남의 집 귀한 자식에게 나쁜 말하기 싫어서 아무 말 안 하고 있었다. 그런데 우리 딸을 울리니 좋은 소리가 안 나왔다. 그것 또한 눈치가 보여서 조심스레 '그놈의 자식이 나쁘네.'라는 말 한마디밖에 할 수 없었다. 마음 같아서는 실컷 욕을 해주고 싶었다. 하지만 나는 그럴 수 없었다. 당장은 기분이 풀릴지 몰라도 시간이 지나면 딸은 분명히 엄마가 더 나쁘다고 말할 것이기 때문이다.

아무리 가족이어도 엄마와 딸이라는 관계에서도 서로 조심해야 하는 문제가 있다. 우리는 사실 가족에게서 제일 많이 상처받고 힘들어한다. 아이들이 어릴 때는 엄마 마음대로 되지만 조금 자라면 얼마나 대하기가 어려운지 모른다. 저놈의 자식이 내가 낳아서 물고 빨고 잠 못 자며 뼈와 살을 녹여서 키운 놈이 맞나 싶은 순간이 온다. 아이의 사춘기 시절 말이다. 그 시절이 지나서 어른이 되면 대하기가 더 어렵다. 어른이기 때문에 서로 존중해줘야지, 내 말이 맞다고 우기다가는 바로 분열이 일어난다. 그렇게 서로 원수처럼 사는 가족들이 얼마나 많은지 모른다. 주변에도 그런 가족들이 많다. 안타까운 현실인데 이것도 다 관계에 대해 배운 적이 없는 무지 때문이다. 가족은 서로에게 거는 기대치가 크고 의지를 많이 한다. 그 때문에 남들과의 관계에서보다 작은 일로도 상처를 크게 받고 더 힘들어한다.

오늘도 김 과장은 새벽부터 일어나 눈 비비며 억지로 출근한다. 발걸음이 천근만근 무겁다. 그것은 일보다 직장의 선후배와의 관계 때문이다. 직장을 옮겨봐도 마찬가지다. 그냥 일만 잘하면 월급을 주는 회사에 다니고 싶은 날이 하루 이틀이 아니다. 왜 꼭 서로 잘 지내야만 할까? 직장 선배의 비위를 맞추느라 하기 싫은 일도 해야 하고, 후배에게 무시당하지 않으려면 후배 마음도 헤아려줘야 한다. 온종일 일하랴 눈치 보랴 눈이 가자미눈이 될 판이다.

퇴근할 때쯤엔 일에 치여 녹초가 되지만 외로우신 선배님이랑 소주도 한잔 마셔줘야 한다. 후배님들 회식 자리에선 카드만 주고 빠져줘야 한다. 쥐꼬리만한 월급이 남아나지 않는다. 이렇게 좋은 관계를 유지하려다 보니 통장은 항상 텅텅 비어 '텅장'이 된 지 오래다. 몸도 마음도 힘들지만 하소연할 데라고는 학교 동창뿐이다. 그런데 이놈의 동창들은 왜 그리 다들 잘나가는지, 만나기만 하면 더 힘이 빠진다. 넥타이를 느슨하게 풀고 한숨만 쉴 뿐이다. 생각해보면 직장인의 관계는 다 돈과 연결되어 있는 것 같다. 사장님은 돈이 많으니까 이렇게 힘들지 않겠지 싶다. 하지만 알고 보면 사장님은 나보다 더 힘든 것 같다. 그래서 살짝 마음의 위로를 받지만, 내일 또 출근할 일이 막막할 뿐이다. 직장에서의 관계는 왜 이리 힘들까?

우리에게는 서로 관계를 맺고 살아가는 일이, 아니 좋은 관계로 살아가는 일이 참 어렵고 힘든 것 같다. 누구에게나 사람과의 관계가 힘든 적이 한두 번이 아닐 것이다. 세상 모든 일이 다 관계로 얽혀 있고 연결되어 있으니 우리는 자신도 모르게 상처를 주고 상처를 받을 수밖에 없는 것 같다. 어차피 상처를 받고 살아야 한다면 조금 덜 받는 방법을 찾아보면 어떨까? 조금 더 단단한 마음을 가져보면 어떨까? 조금 더 마음의 여유를 가져보면 어떨까?

02

좋은 관계는
알다가도
모르겠다

현재 나는 지방의 작은 소도시에 살고 있다. 결혼하고 일 때문에 이 도시로 와서 지금까지 30년을 가깝게 터를 잡고 살고 있다. 대도시의 위성도시다 보니 젊은 층들이 많이 유입되긴 했지만 그래도 예전부터 살던 토박이나 오래 살아오신 분들이 더 많다. 어찌 보면 신도시이기도 하고 또 어찌 보면 시골이기도 해서 서울이나 큰 도시에 비하면 사람과의 관계가 많이 얽혀 있는 편이다. 대형 마트와 시골 오일장이 함께 공존한다. 그러다 보니 자연스럽게 여러 모임에서 만나는 사람들이 겹친다.

행사나 모임에 가면 거의 모르는 사람이 없다. 나도 학교 엄마들 모임이나 봉사 단체 모임에 가면 서로 인사하느라 바쁘다. 그렇게 서로를 알고 지내다 보면 관계에서 오는 스트레스가 장난 아니다. 별의별 사람이 다 있기 때문이다. 서로가 모를 때는 모르지만 알고 지내다 보면 말부터 행동까지 다 조심해야 한다.

애들도 어느 정도 자라 좀 한가해져서 국제적인 봉사 모임에 가입하게 되었다. 봉사한다는 의미도 있고 모임에서 만난 사람들과 여행도 가고 식사도 함께 하고 취미 활동도 하며 친하게 지내면 좋을 것 같았다.

처음 가입하여 좀 서먹한데 잘 챙겨주는 동생이 있었다. 예쁘고 젊고 똑똑하여 배울 것이 많은 동생이었다. 그 동생과는 거의 친자매 이상으로 잘 지내며 서로 돕고 살았다. 몇 년을 보내는 동안에도 부부 동반 모임도 하고 같이 취미 생활도 하며 별 탈 없이 잘 지냈다. 그런데 어느 날부턴가 이상하게 멀어지게 되었다. 이유를 알 수 없어서 마음이 불편했다. 답답해서 물어봤다. 아무 일 없다고 한다. 참 미칠 지경이다. 무엇이 어떻게 된 걸까? 왜 그럴까? 꼬리에 꼬리를 무는 궁금증과 불편함 때문에 한동안 힘들었다.

그렇게 지내기를 2년 정도 지나서 만날 일이 있었는데 은근슬쩍 다가가니 예전처럼 나를 편하게 대하는 것이다. 나는 머릿속의 물음표를 지금도 지울 수가 없다. 사람의 마음은 알다가도 모르는 것 같다.

좋은 관계라는 것은 어떤 것일까? 나랑 너무 허물없이 친하게 지내는 것이 부담스러웠을 수도 있고 멀어지는 것은 또 싫어서 자기만의 관계 거리 두기를 한 것이었을까? 나는 그냥 좋은 관계로 지내고 싶었을 뿐인데 참 어려운 것이 관계인 것 같다. 나도 적당히 거리 두고 상처받지 않는 방법을 찾아야 할 때인 것 같다.

이런 관계에서 오는 제일 큰 물음표는 시댁과의 관계이다. 시댁이라는 곳이 내 사랑하는 남편의 부모님이고 가족임에도 불구하고 이상하게 알기 어려운 것 같다. 나는 좀 이른 나이인 스물세 살에 결혼하였다. 친정 부모님이 시골에서 농사를 짓고 있었기 때문에 나를 잘 챙겨주지 못했다. 그런 친정 부모님과 반대로 도시에 사시는 시댁 부모님은 일일이 따뜻하게 잘 챙겨주시고 도와주셔서 고마웠고 그런 시부모님을 잘 따랐다. 시골 부모님과 다른 따뜻한 보살핌을 내 마음을 다하는 과한 충성심으로 보답했다. 사람들이 시금치도 안 먹는다는 말이 이해가 가지 않을 정도였다. 딸 같은 며느리가 실제 존재한다는 걸 보여주고 싶었다. 그런데 어느 날 알게 되었다. 나는 그냥 며느리일 뿐이고, 가족의 일원일 뿐이고, 딸은 더더욱 될 수 없다는 것을.

시부모님은 그냥 온순하고 착한 나를 온갖 집안일이며 귀찮은 일을 시키면 잘하는 시골로 시집온 며느리로만, 딱 그렇게만 생각하신다는 것을 내 귀로 듣고 말았다. 참 많이 실망하고 서러웠다. 나는 엄청 사랑하고 온 마음을 다했는데 너무 허무했다.

지금 이 나이가 되어 돌이켜보면 나 혼자 잘해주고 상처받은 것인데 그 시절의 나에게는 정말 이해할 수 없는 일이었다. 부모는 아들이든 딸이든 같은 마음이라서 며느리도 딸처럼 생각하신다고 나 혼자 착각한 것이다. 내 마음을 몰라주는 시부모님이 한동안 원망스러웠다. 시부모님은 그 후로도 아랫동서와 나를 비교하며 많은 마음의 상처를 주었다.

참 알기 어려운 것이 시부모님과 나와의 관계인 것 같다. 남편과 분쟁이 있을 때마다 시부모님께 의논하고 부부 싸움 후에도 시댁에 가서 밥 먹고 자고 올 정도였다. 그래서 남편보다 나를 더 아낀다고 자부하고 있었다. 시부모님과 좋은 관계를 유지하고 싶어서 온갖 힘든 일도 혼자 도맡아 했었다. 그런 내 마음과는 다르게 다른 친척분들에게는 내 흉을 보기도 하고 아랫동서가 조금만 잘하면 나는 신데렐라가 되어 일만 해야 했다.

그때 내 마음만 보지 말고 시부모님의 마음에 대해서 좀 더 알려고 노력을 했거나 사람과의 관계에 대해서 배운 적이 있었더라면 상처받지 않고 좀 더 현명하게 대처할 수 있었을까? 지금은 많이 무뎌지고 요령도 생겨 젊었을 때처럼 힘들진 않지만, 여전히 어려운 것이 시댁과의 관계이다.

설렘으로 만나 사랑이라는 이름으로 결혼도 하고 아이도 낳아서 기르며 크고 작은 인생의 파도를 같이 헤쳐나가는 것이 부부이다. 서로 너무 편해서 싸우기도 하고 죽이 잘 맞을 땐 또 세상 그런 둘도 없는 친구가 없다. 하지만 알다가도 모르는 것이 남편과 아내의 관계이다.

내 마음 다 알 것 같고 나만을 위해줄 것 같아도 어떤 땐 내 남편이 맞나 싶은 순간이 한두 번이 아니다. 말이 안 통할 땐 벽도 그런 벽이 없다. 만리장성보다 더 길고 우주 공간보다 더 헷갈린다. 도대체가 같은 한국말을 하고 있는데도 아프리카 원주민 말보다 더 못 알아듣는다. 삶은 고구마를 백 개는 삼키고 있는 것 같다. 그러다가도 시간이 지나고 오해가 풀리거나 누구 한쪽이 미안하다고 사과하면 언제 그런 일이 있었냐는 듯이 멀쩡하게 일상으로 돌아간다. 이런 일이 반복되다 보면 좀 무뎌질 것 같아도 그렇지 않은 것이 부부의 관계이다. 싸울 땐 그런 원수가 없고 길거리 지나가는 남보다 못하다. 아니 남보다 더 남같이 느껴진다. 그러나 사이가 좋을 땐 인생의 동지로서 아이들의 부모로서 세상 의지가 된다.

참 어렵고 힘들 때가 한두 번이 아니다. 그래서 많은 부부들이 갈등의 산을 넘지 못해 헤어지기도 한다. 우리 부부에게도 물론 헤어질 위기는 셀 수도 없이 많았다. 그중 제일로 기억에 남는 이혼 위기는 어느 명절날에 닥쳐왔다. 시댁 일정을 끝내고 시골 친정집으로 가는 차 안에서 말다툼이 벌어졌다. 무슨 대단한 세계 평화와 민족 통일 때문도 아니고 지금은 기억에도 없는 아주 사소한 말이 불씨가 되어 아주 가정파탄에 이를 지경에 이르렀다. 아이들은 아직 어려서 울고불고 그야말로 차 안은 가관이었다. 마침 길이 고속도로가 아닌 일반도로 산길이었다. 나는 잠깐 차를 세우고 담배를 한 대 피우라고 말했다.

남편은 아무것도 모르고 차에서 내리더니 담배를 한 대 물고 마음을 진정하려는 듯 애들이 없는 구석진 곳으로 걸어갔다. 나는 이때다 싶어서 운전대를 잡고 의아해하는 남편을 버려둔 채 차를 달렸다. 깊은 산속 외진 곳에 혼자 버려진 아빠를 아이들이 데리러 가자고 난리를 치고 울었다. 한 십 분쯤 후에 다시 돌아갔다. 남편이 환하게 웃으며 차에 탔다.

어이가 없고 헛웃음이 나왔지만 그만하기 참 다행이라 안심이 되었다. 내가 그날 그 차 안에서 계속 말다툼을 했다면 아마도 우리 부부는 그날 어떻게 됐을지 아무도 알 수 없다. 계속 싸우다가 사고가 났을 수도 있고 아이들이 다칠 수도 있었고 더 안 좋은 상황이 생길 수도 있었다. 그러나 내가 길가에 남편을 버리고 왔으므로 우리 가족 모두가 진정이 되었다. 남편에겐 잠깐 생각하고 진정할 시간이 필요했고 나에게는 내게 고함을 지른 남편에 대한 나름의 복수가 필요했다. 그리고 나니 내심 고소하기도 하고 마음도 좀 풀렸다.

우리 가족이 여행을 가거나 다 같이 차를 타고 갈 일이 있을 때마다 아이들이 그때의 일을 추억하며 엄마 아빠를 놀린다. 옛말에 '부부 싸움은 칼로 물 베기'라는 말이 있다. 부부라는 관계는 그런 것 같다. 쉬운 것 같지만 어렵고, 좋은 것 같지만 밉고, 든든한 것 같다가도 물 묻은 종이처럼 무너진다.

우리 모두가 결혼하기 전에 한 일주일쯤 부부간의 관계에 대해서 시댁과의 관계에 대해서 배울 기회가 있었으면 좋겠다. 그 어디에서도 배운 적이 없으니깐 이런 어려움이 많은 것이다. 넘어지면서 배우고 상처 입으면서 단단해져가고 그렇게 사랑만 해도 모자란 세월을 아깝게 허비하고 있는 것이다. 가장 잘 알아서 더 모르겠고 가장 쉬워서 더 어려운 관계. 가족과, 부부와, 친구나 이웃 주변의 나와 연관이 있는 모든 사람들과의 관계는 알다가도 모르겠다.

# 왜 가까운
# 사람의 말이
# 더 상처가 될까?

요즘은 대통령 선거철이라 나라 전체가 떠들썩하다. 세계적인 팬데믹에, 대통령 선거에 티브이나 신문이 하루 종일 시끄럽다. 사람들도 자연스레 대통령을 누구를 뽑을 것인지에 대한 관심이 높다. 대통령 선거는 아주 중요한 문제이니 당연한 일이다. 대통령 후보들의 가정사나 가족에 대한 이슈가 매일 쏟아져 나오고 있다. 나라의 정책이나 공약보다는 개인적인 가십거리가 더 흥미롭기 때문이다. 나는 그중 한 후보의 가족에 대한 내용을 보고 경악했다. 형제지간에 그런 원수가 없다. 물론 여러 가지 서로 오해와 불신이 쌓여 그렇게까지 되었겠지만 서로를 욕하고 통화 내용을 폭로하여 상처주는 일이 참 안타까웠다. 서로를 상처주기 위해 스스로 자신들의 인생을 건 듯했다.

그렇게 싸우지 않았다면 세상에 둘도 없이 서로를 돕는 가족일 텐데 형제의 싸움이 가족 전체를 망치는 것이다. 서로가 힘들고 누구도 이기는 사람이 없는 싸움이 된 것이다. 가까운 사람의 말은 다른 사람들의 말보다 두 배 세 배 더 크게 상처가 된다. 특히, 가족의 말이 가장 쉽게 상처가 된다.

우리 집에도 비슷한 상황이 있어서 더 가슴이 아팠다. 남편에게는 남동생과 여동생이 하나씩 있다. 집이 가난하여 어릴 적부터 형제가 고생이 많았다고 한다. 여동생은 나이 차가 많이 나고 어리니 돌봐야 하고 부모님은 일하러 다니시니 동생과 둘이서 밥도 차려 먹고 집안일도 하며 우애가 좋았다고 한다. 어릴 때는 형님을 잘 따르고 친구처럼 같이 놀고 의지했다고 한다. 어른이 되어서도 같이 일을 하며 부모님을 돕고 네 것 내 것 없이 서로 나누며 아끼고 살았다. 형님인 남편이 이런저런 사업도 하고 성실하여 돈도 벌고 서로 살만해져서 각자 독립하여 살았다.

서로 결혼도 하고 아이들도 키우며 남들처럼 지냈다. 세월이 지나고 형님이 하는 사업은 잘되고 동생이 하는 일이 잘못되어 이혼도 하게 되고 아이들과도 헤어져서 외로운 신세가 되었다. 형님 회사에 찾아와서 일하게 해달라고 했고 사정이 딱한 동생을 외면할 수 없어 같이 일을 했다. 3년여를 노력하여 집도 사고 재혼도 하여 행복한 가정도 꾸려서 형님 마음도 좋았다. 하지만 형제가 관계가 틀어지고 서로 원수가 되는 건 한 순간이었다. 성향이 전혀 다른 형제이다 보니 갈등이 잦았다. 그러던 중 상상도 못 한 일이 일어났다.

동생이 형님을 국세청에 세금 탈루로 고발을 한 것이다. 사업이 잘되어 공장을 새로 지어 확장도 하고 거래처도 많아져서 눈코 뜰 새 없이 바쁜 시절이었다. 새로 지은 공장이며 거래 통장이며 모두 압류되고 한바탕 난리가 났다. 일의 특성상 단가가 높아서 세금의 금액도 상당했다. 형님은 절망했다. 돈도 돈이지만 본인이 그토록 믿고 의지했던 하나밖에 없는 동생의 배신에 피눈물을 흘렸다.

낮에는 일을 수습하느라 정신이 없고 밤에는 혼자 울었다. 그동안 일 귀놓은 모든 것을 빼앗긴 것보다 괘씸함과 배신감에 다른 일을 할 수도 없었고 잠을 잘 수도 없어서 정신과 치료도 받았다. 십 년이 지난 지금도 형제 이야기만 나오면 눈도 귀도 막아버린다. 너무나 큰 상처가 된 것이다. 돈은 다시 벌면 되지만 깨진 형제의 우애는 두 번 다시 이어 붙일 수가 없다. 가까운 사람이 주는 상처는 크나큰 바위가 되어 가슴을 짓누른다. 입으로는 동생은 없고 두 번 다시 안 본다고 하지만 그렇게 말하는 마음은 오죽하겠는가?

꼭 말이 아니라도 가까운 사람으로부터 받는 것은 어떤 것이라도 더 큰 상처가 된다. 남편의 상처받은 마음 때문에 우리 가족도 오랫동안 힘든 나날을 보내야만 했다.

나는 원래부터 상처를 잘 받지 않는 성격이었다. 부자는 아니지만 화목한 가정에서 아버지의 절대적인 지지를 받고 자라서 그런지 자존감이 좀 높았던 것 같다. 웬만해서는 상처받지 않았고 그 어떤 말에도 상처는 커녕 내가 더 큰소리를 쳤다. 지나고 보니 내 말 때문에 상처받은 사람이 참 많았을 것 같다. 안하무인에 독불장군이었고 세상에 겁나는 것이 없었다. 오빠들도 많았고 무엇보다 든든한 아버지의 지원이 있었다. 내가 살던 시골에는 동네 친구들이 많아서 항상 노느라 바빴다. 지금처럼 게임이나 스마트폰은 없어도 사시사철 자연 속에서 찾을 놀거리는 무궁무진 했다.

껌딱지처럼 붙어 다니며 놀던 동네 친구가 있었는데 위로 언니들이 많아서 언니가 없는 나는 그 애를 늘 부러워했었다. 항상 언니들이 입는 예쁜 옷이랑 화장품 같은 것을 자랑했다. 그럴 때마다 나도 엄마께 언니를 낳아 달라고 떼를 쓰곤 했다. 한 날은 친구네 집에 놀러 갔는데 우리 집과는 다른 냄새가 났다. 뭔가 기분 나쁜 냄새였는데 그냥 그 친구 집의 냄새였겠지만 내가 인상을 쓰고 코를 막으며 '으~, 더러운 냄새 난다.'라고 했다. 그 순간 친구의 화나서 구겨지던 얼굴이 40년이 지난 지금도 생생하게 기억될 정도이다. 친구는 엄청 상처받았던 것이다. 언니들이 많다는 것은 부모님이 연로하시다는 말이다. 나이 많으신 부모님이 늘 콤플렉스였던 친구는 내가 냄새 난다고 하니깐 부모님 때문이라고 생각한 것이다. 그리고 제일 친한 친구가 상처를 줬다고 생각하니 더 화가 난 것 같았다.

그 일이 있은 후로 그 친구는 나를 멀리하고 같이 학교 다니는 내내 예전처럼 친하게 대하지 않고 데면데면하게 굴었다. 그 당시에는 그 말이 그렇게 상처가 되는 줄 몰랐었다. 나중에 알게 되었지만 이미 세월이 많이 지났고 요즘은 아예 연락이 두절되어 사과를 할 수도 없게 되었다. 가장 친한 친구의 한마디가 그렇게 크게 상처로 남는 것은 그 상처의 크기만큼 그 친구가 나를 좋아해서였지 않을까?

같이 뒹굴며 놀고 잠도 자고 밥도 먹던 친구에게서 들은 말이 더 크게 마음을 때리지 않았을까? 어리다고 상처받지 않는 것은 아니다. 사람의 말은 어리고 늙은 것을 따지지 않고 상처로 남는 것 같다. 그래서 가까운 사람일수록 더 조심할 필요가 있다. 옛말에 '말 한마디로 천 냥 빚을 갚는다'고 하지 않았던가. 칼보다 무서운 것이 세 치 혀라고 했다. 혀로는 사람을 죽일 수도 있고 살릴 수도 있다. 누구도 상처를 주고 싶지 않을 것이다. 의도하지 않았지만 상처를 주었다면 진심 어린 사과가 오히려 더 관계를 좋게 만들 수도 있다.

사람들은 다 관계 속에서 살아가지만 유달리 쉽게 상처받는 타입이 있는 것 같다. 본인이 잘못하지 않았는데도 본인 탓으로 자책하고 상처받았는데도 말도 못 하고 혼자 끙끙 앓는 소심한 성격의 사람이다. 또 어릴 때의 환경 때문에 자존감이 낮은 사람들도 그렇다. 겉으로는 괜찮은 척 하지만 속으로는 곪아가고 있는 것이다. 이런 사람들은 참다가 한 번에 빵 터지면 감당하기 힘들다. 주변에 보면 남에게 착하고 좋은 사람으로 보이고 싶은 사람들이 대부분 상처를 잘 받는 사람들인 것 같다.

상대방은 아무 생각 없이 던지는 무심한 말에도 혼자 상처받고 괴로워 하는 사람도 많다. 그런데 꼭 좋은 사람으로 보여야 할까? 이렇게 힘든 데 왜 나만 참아야 하는 걸까? 가족이나 친구나 이웃 등 가까운 사람들에 게는 좀 편하게 생각하고 쉽게 살면 안 될까? 서로 무심하게 덤덤하게 살 면 상처를 덜 받을까? 좀 더 쉽게 살면 좋겠는데 참 어려운 것이 관계인 것 같다.

04

힘겨운 관계를
꾸역꾸역 안고
살아가야 할까?

'풋볼 경기를 더 잘하는 방법은 풋볼 경기를 하는 것이다.'라는 말이 있
다. 일이든, 사랑이든, 사람과의 관계이든 간에 무엇이든 더 잘하고 싶다
면 당장 시작을 해야 한다는 말이다. 풋볼을 잘하고 싶다는 생각만 하면
안 되고 신발장의 운동화를 꺼내 신고 풋볼장에 가야 한다. 일단은 가서
구경도 하고 잘 못 하지만 날아오는 공도 잡아서 던져보고 그렇게 시작
을 해야 된다는 말이다. 미숙하고 어설프지만 시작하고 보면 점점 자신
감이 생긴다. 용기도 생긴다. 선수를 할 만큼 잘하지는 못하더라도 게임

을 즐길 수 있을 만큼은 잘하게 될 것이다.

요즘 나 자신이 그렇다. 우연한 기회로 시작한 일이지만 나의 세포 하나하나가 다시 살아나는 것 같다. 그리고 그동안 살아온 나를 돌아보는 좋은 기회이기도 한 것 같다. 나를 다시 알아가고 살아갈 날들을 꿈꿔보는 일이다. 바로 책 쓰기다. 일단 운동화 끈을 조여 매고 풋볼 경기장으로 나갔다. 잘하든 못하든 일단 나갔으니 시작은 한 것이다.

나처럼 평범한 사람이 잘난 것도 없는 사람이 책을 쓴다는 것은 도저히 상상도 안 해본 일이었다. 나는 원래 소설책을 좋아해서 어릴 때 오빠들 책장에 꽂혀 있는 로맨스 소설부터 조정래 작가의 '태백산맥' 시리즈도 읽고, 프랑스 소설가 기욤 뮈소의 책 등 소설책이라는 책은 다 사서 읽었다. 한동안은 도서관에 가서 일주일에 네 권씩 빌려다가 읽었다. 소설책을 읽는 일은 내 힘든 삶을 잊게 만들었고 상상의 나래를 펴게 해주었다.

소설책에 나오는 주인공처럼 살고 싶었다. 중학교 때는 학교 후문 앞에 있는 만화 가게에서 중국 무협 만화와 소설을 아버지 주머니 동전을 훔쳐다가 읽었었다. 물론 한 권도 빠지지 않고 다 읽었었다. 해가 져서 밤이 되는 줄도 모르고 읽고 집에 가서는 공부하고 왔다고 거짓말을 했었다. 만화 가게 주인아저씨는 무슨 여자애가 무협 소설을 좋아하냐고 특이하다고도 했었다. 사회에 나와 생활에 부딪히며 살아 보니 어려운 점이 참 많았다. 그럴 때마다 유명한 박사나 사업가의 자기계발서나 성공 스토리를 읽었었다.

마음의 위로도 받고 눈물을 흘릴 때도 있었다. 그래서 이다음에 나도 멋지게 성공해서 나처럼 길을 잃고 헤매는 사람들에게 위안과 도움을 주는 성공 스토리를 죽기 전에 자서전처럼 쓰고 싶다는 생각은 해본 적은 있다. 그런데 아직 성공하지도 않았고 죽음을 앞둘 만큼 나이가 많은 것도 아닌데 책을 쓰게 될 줄은 몰랐다. 하지만 나는 지금 책을 쓰고 있다.

처음에 어떤 책을 쓸지 고민할 때 소설책을 쓰고 싶다고도 말했었다. 소설책…웃긴 얘기지만 스토리를 구상해놓은 것도 사실은 있었다. 그런데 소설책은 이다음에 하기로 하고 지금 이 책을 쓰고 있는 것이다. 책을 쓰게 되면서 이런저런 지나간 아픈 기억들도 생각나고 다시는 그러지 말아야지 하는 일도 스친다. 책을 선물하고 싶은 사람들도 떠오르고 내 책을 사서 읽고 있는 사람들의 모습도 상상이 된다.

부끄럽기도 하고 뿌듯하기도 한 것 같다. 그러다가 10년 가까이 잘 지내다가 1년 전에 뚝 소식을 끊고 사는 이웃의 언니가 생각이 났다. 언니는 어떻게 생각할까? 언니가 내 책을 볼 수도 있을까? 보게 되면 뭐라고 말할까? 책을 보고 혹시 연락이 올까? 잘 썼다고 칭찬을 해줄까? 아니면 나를 욕하고 책을 버릴까? 이런저런 생각으로 머릿속이 복잡하다. 차라리 책을 쓰지 말까? 내 인생 살면서 제일로 큰 용기를 낸 것 같은데 그냥 접을까?

나처럼 복잡하고 어려운 것 싫어하는 사람이 이만큼 많은 생각을 했다는 것은 그 언니와의 관계가 그만큼 나에게는 소중하고 힘들었다는 것이다. 언니와는 같은 아파트에 살면서 등산도 같이 다니고 가끔 소주도 한잔 기울이는, 나이 차를 떠나서 그냥 친구였다. 행복한 순간도 많았고 의지가 되는 날도 많았고 언니가 없는 나에게는 친언니 같은 친구였다. 비가 오나 눈이 오나 일요일이나 공휴일에는 가까운 산으로 등산도 갔다. 숨이 턱까지 차오르게 힘들게 오른 산 정상에서 막걸리도 나눠 마셨다. 비가 오는 어떤 날엔 라면도 끓여서 비와 함께 먹었다. 정말 꿀맛이었다.

밤새 눈이 오고 난 다음 날은 황홀한 얼음 상고대를 보며 감탄했었다. 다리가 약해 힘들어하던 내가 근육 **빵빵** 다리를 갖게 되었다. 근처에 있는 모든 산은 다 정복했다. 언니랑은 이다음에 지리산부터 시작해서 히말라야 트래킹까지 하고 죽자고도 했었다.

그렇게 고생도 함께 하며 친구로 지냈는데 하루아침에 남이 되어버렸다. 나는 사실 지금도 그 이유를 모른다. 일 년 전 어느 날부터 갑자기 소식을 뚝 끊고 내 연락은 받지 않는다. 문자나 톡에도 답이 없다. 주변의 다른 사람에게 물어보니 잘 지내기는 한다는데 나에게는 뭔가 단단히 화가 났거나 서운한 것이 있는가 보다. 이쯤 되면 나도 한번 찾아가볼 만도 한데 나도 사실 찾아가기가 싫어졌다.

왜 그럴까? 잘 지낼 때는 나이가 한참 많은데도 반말도 하고 흉허물 없이 지냈는데 이렇게 되고 보니 나보다 나이도 많은데 나잇값을 못 한다는 생각도 했었다. 옹졸한 생각이다.

처음엔 왜 그러는지 무슨 일로 그러는지 궁금했었고 내가 잘못한 거면 사과하고 다시 잘 지내고 싶은 생각도 있었다. 그러나 시간이 조금 더 지나고 지금은 오히려 생각이 바뀌었다. 내가 잘못한 거면 차라리 말을 하거나 혼을 내거나 할 것이지 말을 안 하고 나를 벌주는 것은 좋은 생각이 아닌 것 같다. 물론 입장 차이는 있겠지만 그렇게 단칼에 인연을 잘라 내는 사람과 힘겨운 관계를 계속 안고 살아가야 할지 의문이 든다.

꾸역꾸역 이 관계를 이어가려고 한다면 나는 다시 한번, 아니 여러 번 이런 일을 겪어야 할 것 같다. 도대체 언니는 뭐 때문에 그럴까? 나는 어떻게 해야 될까? 지금도 그런 생각이 든다. 등산을 하러 갈 때마다 생각이 난다. '내 오랜 꿈인 히말라야 트래킹은 누구랑 가야 하는 거지?'

책을 쓰게 되면서 주변의 관계에 대해서 많은 생각을 하게 된다. 요즘은 코로나 시대라서 모임을 할 수 없어 자주 만나기가 어려우니 자연스럽게 관계 정리가 좀 되는 것 같다. 일주일 내내 이런저런 저녁 모임이 많아 낮에 돈 버는 것보다 바빴다.

어떤 날은 모임이 세 개나 겹치는 날도 있었다. 사람들과 잘 지내려면 그렇게 서로 만나고 수다를 떨어줘야 하는 줄 알았다. 안 나가면 나만 낙오되는 줄 알았다. 다음에 갔을 때 내가 모르는 이야기를 하면 마음이 안 좋았다. 그래서 힘들어도 모든 모임에 참석하려고 애를 썼다. 요즘 말로 '인싸'로 살고 싶었지 '아싸'로 밀려나고 싶진 않았다. 그래서 마시고 싶지 않은 커피를 마시고 매일 술도 먹었다. 아랫배는 이미 다시 임산부 배로 돌아가고 있었다. 만나면 나누는 대화의 주제는 다이어트인데 손은 눈보다 빠르게 고기를 입으로 가져가고 있다. 그렇게 살아야 하는 줄 알았다. 그런데 요즘 알게 됐다. 꼭 그렇게 하지 않아도 살아진다는 것을….

나는 바보같이 남의 눈치를 보며 관계를 이어가고 싶어서 안달복달했다는 것을…. 세상이 생각지도 않은 방향으로 키를 돌려가다 보니 나도 따라 방향을 바꾸게 된 것 같다. 그래서 이제는 모임에 나갔던 시간에 책을 보고 책을 쓴다. 나의 몸은 더 이상 침 튀기며 다이어트를 말하지 않아도 된다. 저녁마다 과식하지 않고 술도 먹지 않으니 자동으로 다이어트가 된다. 아침마다 변기통을 붙들고 씨름하지 않아도 된다. 힘겨운 관계를 꾸역꾸역 이어가려고 애를 쓰지 않아도 된다. 자연스럽게 관계가 정리되는 것 같다. 일석이조 아니 일석오조 정도 되는 것 같다.

책을 쓰면서 내 인생이 더 건강해졌다. 그냥 하루하루 살았었는데 이젠 다시 꿈을 찾아 도전하니 몸에서 막 에너지가 샘솟는다. 관계를 이어가는 일이 그렇게 힘에 부치는 일이었구나 싶은 생각에 나 자신이 안쓰럽게까지 느껴진다. 이제부터는 나의 내면을 더 단단히 해서 관계 때문에 힘들 때마다 책을 써야겠다. 책을 쓴다는 것이 세상 어려운 일인 줄 알았다. 창작의 고통으로 머리카락을 쥐어뜯으며 힘들어하는 일인 줄만 알았는데 막상 하고 보니 좋은 점이 한두 가지가 아니다. 힘든 관계를 꾸역꾸역 끌고 가는 일이 세상에서 제일 힘들고 어려운 일인 것 같다. 사람이 힘들 때마다 책을 써보는 건 어떨까? 호호 할머니가 되어서도 할 수 있는 매력적인 일이 책 쓰기인 것 같다.

05

기대하는
만큼
실망한다

한 번도 안 싸우고 사는 부부가 있을까? 단언컨대 나는 없다고 생각한다. 이 세상에 사는 그 어떤 부부도 말로든 몸으로든 싸우면서 산다고 본다. 물론 안 싸우고 사는 부부가 아프리카 사막 모래에서 바늘 찾기만큼 어렵겠지만 찾아보면 있을 수도 있다. 대부분의 부부라는 이름을 달고 사는 사람들이라면 한두 번은 싸워봤을 것이다. 가끔 TV에서 나이 든 노부부가 서로를 알뜰히 챙겨주며 늙어가는 장면을 보면 참 대단한 사람들이다 싶은 생각이 절로 든다.

상처주지 않고 상처받지 않는 관계의 기술

그 오랜 세월 자신을 내려놓고 상대를 위해 살았다고 생각하면 고개가 숙여진다. 나 같은 경우는 거의 30년을 부부로 살았는데 처음 결혼하고 한 10년 정도는 죽기 살기로 싸웠던 것 같다. 지금 생각해보면 다 추억일 수도 있지만 그 당시에는 죽고 싶은 순간도 있었고 이혼은 뭐 밥 먹듯이 든 생각이었다. 그럼에도 불구하고 지금까지 멀쩡히 살고 있는 것을 보면 인간승리가 아닐 수 없다.

23세 어린 나이에 철모르고 사랑하면 결혼해야 되는 줄 알고 결혼하겠다고 밀어붙였었다. 생각해보면 참 예쁘고 아까운 나이인데 그때는 흔한 말로 콩깍지가 씌어서인지 무조건 결혼하고 싶었다.

결혼식은 올렸는데 어리니 모은 돈이 없어서 샤워장도 없는 월세 단칸방에 신혼집을 차렸다. 장롱 하나, 침대 하나가 살림살이 전부였다. 놀러 온 여동생이 불쌍하다면서 티브이를 한 대 사주고 갔다. 들여다보러 온 시아버지가 밥통을 하나 사주고 갔다. 살림살이는 변변치 않았지만 처음엔 너무 재미있었다. 재미있는 만큼 싸우기도 참 많이 싸웠다. 그렇게 원하던 결혼을 했는데도 별로 행복하지가 않았다. 남편도 나도 서로에 대한 기대치가 너무 커서일까? 하루가 멀다 하고 싸웠기 때문이다. 생활방식이 다른 것은 문제가 되지 않았다. 서로가 어리고 철이 없어서인지 마음에서 오는 서운함이 주로 싸움의 원인이었다.

처음 해보는 살림이니 서툴고 뒤죽박죽 엉망이었다. 시장에 가서 반찬을 사도 뭐를 사야 할지 몰라서 시장만 몇 바퀴 돌았다. 결국 콩나물국을 끓여야겠다고 생각하고 콩나물을 샀다. 콩나물국은 쉽고 실패할 수 없는 간단한 거라고 생각했다.

요즘은 인터넷이나 유튜브를 보면 요리 레시피가 다 나오지만 그때는 책을 보고 글로 요리를 배우던 시절이었다. 나름 신중하게 끓였더니 모양은 그럴싸했다. 근데 문제는 맛이었다. 내가 먹어봐도 이상하게 이상했다. 간을 못 맞추겠다. 세상 쉬운 줄 알았는데 엄청 어려운 것이었다. 그래도 나는 맛이 없어도 맛있게 먹어주는 것이 신혼의 남편들이라는 말을 들었기 때문에 맛있게 먹어줄 줄 알았다. 내 예상은 빗나갔다. 맛이 없고 이상하다고 밥을 안 먹는단다. 그뿐인가 '간이 안 맞다, 콩나물국도 못 끓이냐…' 싫은 소리도 한다. 서러워서 밥상 앞에서 엉엉 울었다. 울면 '괜찮다. 그래도 먹을게.' 하고 달랠 줄 알았다. 그런데 웬걸! 도로 짜증을 낸다. 하루 종일 힘든 일을 하고 왔는데 먹지도 못하는 반찬 해주면서 뭐 잘했다고 우냐며 시끄럽단다. 서러움이 폭발하고 서운함은 말할 것도 없다. 나는 고민하고 또 고민해서 힘들게 만들었는데, 내가 만든 요리를 고생하고 돌아온 남편 먹일 생각에 들떠 있었는데 상황이 이렇게 되고 보니 남편이 쪼잔하고 나를 사랑하지 않는 것 같은 생각마저 든다.

밥이랑 국을 다 쏟아서 버렸다. 일이 더 커졌다. 처음엔 놀리려고 그랬는데 울며 밥이랑 국을 다 버리니 남편이 화가 난 것이다. 남편은 남편 나름의 결혼에 대한 환상이 있었다. 일하고 집에 오면 아내가 맛있는 밥상을 차려놓고 기다리고 살림도 말끔하게 잘하고 본인의 힘든 하루를 잊게 해줄 줄 알았다. 그런데 살림은 둘째 치고 콩나물국 하나 끓여놓고 맛없다 했다고 그마저도 버려버리니 어이가 없는 것이다.

시작은 콩나물국인데 싸움은 일파만파 커져서 이혼하자고까지 나왔다. 싸움의 원인은 온데간데없다. 서로 본인 입장에서 서운한 것만 말하니깐 걷잡을 수 없이 커지는 것이다. 서로에 대한 기대가 커서인지 실망이 이만저만이 아니다. 어떻게 마무리가 되었는지 기억은 안 나지만 그 서운함과 서러움은 지금도 생생하다. 살아가면서 제일 편하고 제일 어려운 것이 부부간의 관계인 것 같다. 어떤 날은 내 몸보다 더 아껴주고 싶고 어떤 날은 꼴도 보기 싫은 날도 있으니 참 어려운 관계이다. 자식들은 잘못하거나 미운 짓을 해도 사랑으로 용서도 되고 이해도 된다. 그러나 이 부부라는 관계는 쉽게 용서도 안 되고 이해도 안 된다.

가족이라는 이름으로 이어져 있지만 결국은 남녀관계이기 때문에 그런 것 같다. 사랑의 크기만큼 질투도 하고 관심의 크기만큼 기대도 한다. 다른 집 남편들 얘기를 들어보면 결혼기념일이며 생일이며 엄청 챙긴다는데 우리 집 남편만 내 기대에 항상 못 미친다. 결혼기념일을 기억이라도 하면 고맙다. 생일에 이벤트는 못 해줄망정 꽃이라도 한 다발 사다 주면 더 바랄 것이 없겠다. 일 년에 한두 번 그런 것만 잘 챙겨도 사는 것이 좀 편해질 텐데 남편들은 참 어리석다. 우리 남편도 그런 걸 못한다. 지금까지 결혼기념일은 모두 내가 챙겼다. 그런 거에 관심이 없고 모르니 아예 그냥 내가 선물 사고 케이크도 사서 축하를 했다. 자기가 결혼해줬으니 내가 해도 된다고 당연히 여긴다. 안 챙긴다고 서운해봤자 또 싸움이 되니 내가 챙기고 안 싸우는 쪽을 택한 것이다. 생일은 아예 한 달 전부터 내 생일 언제이니 시간이나 비워놓으라고 경고해놓는다. 그래도 그날에 그 시간을 못 맞추는 날이 허다하다.

이렇게 아내의 서운한 마음을 모르니 싸움이 되고 그런 작고 사소한 서운함들이 모여 이혼까지 가게 되는 것이다. 젊을 때는 다른 집 남편들 얘기 들으면 나만 바보 같이 사는 것 같아서 울화통이 터졌다. 나보다 못나고 키도 작고 별로인 것 같은 이웃집 여자가 남편 자랑을 해대면 정말 나는 뭐 하고 사나 싶었다. 그런 남편이 미워서 자고 있을 때 몰래 꼬집기도 하고 욕도 했었다. 그래서 여자들은 동창회에 가기가 싫다. 학교 다닐 땐 나보다 예쁘지도 않고 공부도 못했는데 남편 잘 만나서 잘사는 것 같다. 전생에 나라를 구했는지 기념일이란 기념일은 꽃다발에 선물에 난리란다. 침 튀기는 자랑에 짜증이 올라온다. 상대적 박탈감에 한껏 차려 입고 나온 내가 더 초라해 보인다. 오래간만에 신은 오래된 구두 때문에 발이 더 아프다.

아내들은 뭐 큰 걸 바라지 않는다. 소소하게 챙겨주고 나를 사랑해주는 마음만 느껴지면 온 인생을 걸고 잘해주는데 왜 그걸 모를까? 남편들도 마찬가지일 것이다. 마음 편하게 해주고 다른 집 남편과 비교하지 않으면 열심히 돈을 벌어다 주고 싶을 것이다. 어느 남편이 지질하고 싶겠는가? 키 크고 잘생기고 멋지진 못하더라도 돈은 많이 벌어주고 싶을 것이다. 그런데 집에만 오면 옆집 남편들 얘기를 하고 비교를 해대니 아무리 열심히 살아도 아내가 나를 인정해주지 않는 것 같아서 짜증이 나고 화가 난다. 나도 돈 많이 벌면 그렇게 해줄 수 있다고 큰소리를 친다. 그런 말에 아내는 오히려 콧방귀를 뀐다. '도대체 언제 많이 벌어 오고 잘해줄 건데?'라며 나가버린다. 내 마음을 몰라 주는 아내가 참 답답하다.

이렇게 부부는 같은 듯 다르다. 인생의 희로애락을 함께 하고 아이들도 같이 키우며 같은 시대를 살아가고 있는데도 내 기대에 반도 못 미친다. 남이라면 조심할 말이나 행동도 부부라서 함부로 하게 된다. '남한테 하듯이 나한테 하면 덜 상처받고 덜 서운할 텐데'라는 생각이 매일 든다. 함부로 해도 다 이해해주겠지 하는 마음으로 생각 없이 말하고 행동하는 것이다. 알고는 있는데 잘 안 고쳐진다. 말은 안 해도 힘든 세상을 살아가면서 서로를 많이 의지하고 있어서 그렇지 않을까? 말 안 해도 내 마음

정도는 알아줬으면 좋겠다.

시간이 지나면 익숙해지고 이해되겠지 싶어도 참 알 수 없는 것이 부부라서 더 어려운 것 같다. 싸우지 않고 살아가려면 기대치를 낮춰야 하나? 이미 큰 기대는 없는 것 같은데 이상하게 오늘도 실망할 일이 생긴다. 자꾸 실망할 일이 생기다 보면 어느새 체념하게 된다. 부부라고 꼭 잘 살아야 하는 건 아니지 않을까 하는 생각이 들 때도 있다. 기대하지 않고 실망하지도 않는 무미건조한 부부도 그냥 괜찮을 것 같다. 하지만 그렇게 사는 건 내 한 번뿐인 인생에 대한 예의가 아니다. 남자와 여자로 부부가 되어 같이 살고 있는 이상은 죽을 때까지 기대하고 실망하고 싸우면서 살아가야 할 것 같다.

친정아버지가 몇 해 전에 돌아가셨다. 5년 정도 병간호하신 엄마가 장례식장에서 이모랑 큰 소리로 떠들고 시끄럽길래 내가 한소리 했다. 엄마는 남편이 죽었는데 슬프지도 않느냐고 싫은 소리를 했다. 그랬더니 엄마가 눈을 흘기며 나한테 화를 내신다. 엄마는 슬프지 않고 시원하단다. 저놈의 영감탱이 잘 죽었단다. 참 어이가 없었다. 나는 그런 엄마가 이해되지 않았지만 오랜 병간호로 힘들어서 그럴 거라고 생각하고 넘어가려 했다. 그런데 엄마가 울먹이며 하는 말이 내 가슴을 울렸다. 아버지가 돌아가시는 순간에 엄마 눈을 빤히 보시면서도 아무 말도 없더란다. 엄마는 한마디가 듣고 싶으셨단다. '그동안 고생 많았다. 미안하다. 고마웠다.' 그 한마디 안 하고 그냥 눈을 감으셨단다. 너무 서운해서 아이 낳고 키우며 함께 산 50년의 세월이 한순간에 무너진 것이다. 그래서 이모랑 좀 전에 돌아가신 아버지에게서 서운했던 지난날을 얘기하며 시끄러웠던 것이다. 엄마는 무심한 듯 표현을 많이 안 하는 시골 분인데도 남편에 대한 실망감은 어쩔 수가 없나 보다.

아버지는 그런 마음을 눈으로 말씀하셨을 것이다. 그러나 엄마는 귀로 듣고 싶었던 것이다. 부부는 이렇게 죽는 순간에도 기대하고 실망을 한다. 그놈의 영감쟁이 잘 죽었다고 입으로는 말씀하셔도 마음은 서운하고 슬퍼서 우셨을 것이다. 요즘엔 꿈에도 안 찾아온다고 중얼중얼 타박하신다.

06

함께 있어도

나는

늘 외롭다

인간은 사회적 동물이라고 교과서에서 배웠다. 학교에서 배울 땐 그 말이 무슨 말인지 잘 몰랐다. 무슨 말인지는 정확하게 몰라도 멋진 말 같아서 일기장에도 적고 연애편지에도 적었던 것 같다. 그런데 막상 나는 사회적 동물로 살지 못하고 있었다. 사회에 나와서 회사에 취직하고 나이도 성별도 다른 여러 사람들과 어울려 살아간다는 일은 생각보다 쉽지 않았다. 특히, 나이가 비슷한 또래들과 지내는 일이 어려웠다. 어린 나이에 도시로 나와서 취직을 하려니 아직은 미숙하고 잘하는 게 없어서 친구 따라 블라우스를 만드는 공장에 입사했었다. 새벽부터 밤까지 점심시간을 빼면 한시도 쉬지 않고 서서 일을 하니 너무나 힘들고 고된 나날이었다. 친구들은 기술을 빨리 익혀 반장, 조장이 되고 싶어했지만 나는 빨리 그곳을 벗어나고 싶단 생각만 했었다. 일을 쉬는 주말에는 모자란 잠을 자고 싶었지만 함께 공동체 생활을 하다 보니 마음대로 잠도 잘 수 없었다. 식사 시간을 놓치면 먹을 것이 없어서 쫄쫄 굶어야 했기 때문에 남들과 같은 시간에 일어나고 밥을 먹어야 했다.

보증금 얻을 돈만 모이면 나가야겠다는 생각만 했었던 시절이었다. 몸만 이렇게 고된 것이 아니었다. 마음은 더 힘들었다. 전국각지에서 올라온 친구들이랑 함께 생활하다 보니 티격태격 싸우는 일도 잦고 갈등이 많았다. 시골에서 엄마 아버지랑 편하게 살다가 여러 사람이 함께 생활하는 기숙사 생활은 그야말로 감옥살이나 마찬가지였다.

그렇게 여러 명이 가족처럼 밥도 같이 먹고 잠도 같이 자는데 나는 항상 외로웠다. 외롭고 힘들어서 참 많이도 울었다. 물론 친구가 없는 게 아니었다. 밝고 명랑한 성격 때문인지 내 주변엔 언니들도 동생들도 참 많았다. 하지만 나이가 같은 친구들이 그리웠다. 이상하게 나이가 같은 또래 친구들은 나를 따돌리고 멀리하는 것 같았다. 아무리 생각을 해봐도 또래 친구들이 나를 안 좋아하는 이유를 모르겠다. 자기들끼리만 속닥거리고 논다.

아무리 언니들이 있어도 동생들이 있어도 친구들과 어울리고 싶었다. 친구들 속에서 같이 속닥거리고 깔깔거리며 놀고 싶었다. 그런데 나에게는 그게 힘들었다. 함께 있어도 나는 늘 외로웠다. 한참 친구가 좋을 나이인지라 스트레스가 이만저만이 아니었다. 나는 사회적 동물이 되지 못하고 겉도는 느낌이었다. 그래서 결단을 내렸다.

공장에서 만난 친구 말고 더 나은 직장을 얻어서 다른 친구를 찾아보자. 그래서 다 버리고 그 회사를 나왔다. 어린 나이임에도 결단력이 있었던 것 같다. 친구들이 다 말렸다. 어떻게 살려고 그러느냐고 걱정을 해주는 것처럼 말하지만 내심 용기를 낸 나를 부러워하는 눈치였다. 월급이 따박따박 나오고 먹이고 재워주는 직장을 나와서 다른 직장을 구했다. 그런데 어린 나이에 직장을 구하는 일은 쉽지 않았다. 다행히도 머지 않아 대형 문구점에 아르바이트를 자리를 구했다. 대학생들이 방학에 잠깐씩 하는 아르바이트 자리라 구하기 힘들었는데 예나 지금이나 운이 좀 좋은 편인 나는 대학생이 아님에도 일을 할 수 있었다.

문구점에서 일을 하니 좋은 점이 같이 일하는 친구들이 전부 대학생들이라는 것이다. 새로 사귄 친구들이랑 처음엔 잘 지냈었다. 그 친구들이 다니는 대학교도 가보고, 그 친구의 친구들이랑 같이 놀곤 했다. 대학교 문턱에도 못 가본 내가 대학교에 다니는 애들이랑 친구로 지내니 공장에 다니던 때와는 한 단계 업그레이드된 듯한 기분이었다. 그러나 시간이 지나면서 깨닫게 되었다. 대학교에 다니는 친구들은 그들만의 대화가 있었다. 내가 모르는 세계의 대화이다. 엠티 간 이야기, 복학생 오빠들에 대한 이야기, 다른 학교 학생들과의 미팅 이야기, 등등.

나는 여기서도 사회적 동물이 되지 못하고 함께 있어도 외로웠다. 그러다가 점점 멀어지게 되고 나도 아르바이트 자리를 옮기면서 서로 각자의 삶으로 돌아갔다. 물론 가끔 연락하고 맥주도 한 잔씩 하며 고고장도 같이 놀러 갔지만 나는 항상 생각했었다. 이들 속에 섞여서 자연스럽게

상처주지 않고 상처받지 않는 관계의 기술

사는 건 힘들 것 같다고. 나는 왜 그렇게 외로워한 것일까? 그 나이에는 다 그렇게 불안정하고 힘든 것이었을까? 아직 마음이 여리고 단단하지 못해서 쉽게 마음 주고 쉽게 상처받은 것일까? 지금 생각해보면 나 자신에 대한 확신이 없어서인 것 같다.

나 자신이 단 한 명의 친구에게라도 진심으로 내 마음의 확신을 줬거나 돌아올 서운한 말에도 상처받지 않을 만큼 단단했더라면 나는 좋은 친구를 한 명이라도 얻었을 것이다. 그러면 그렇게 외로움에 눈물짓지 않았을 것이다. 외로운 것이 싫어서 더 많은 친구를 만들려다 보니 한 명의 친구도 만들지 못하고 군중 속에서 혼자 외로이 백조처럼 다른 색깔로 섞이지 못한 채로 살고 있었던 것이다. 나의 생각과 이상이 맞는 친구를 찾는 일은 어렵고도 힘든 여정인 것 같다.

얼마 전 아버지가 돌아가시고 시골에 혼자 사시는 엄마가 걱정되어 가끔 시골집에 들를 때가 있다. 반찬거리며 간식거리를 사서 집에 가보면 어김없이 엄마는 안 계신다. 어디 계신지는 알지만 올 때까지 집 청소며 반찬을 만들고 아버지 산소도 다녀오며 엄마를 기다린다. 오후에 해질 녘이 되면 조용하던 동네가 시끌시끌해진다. 노인정에 함께 모여 노시던 할머니들이 각자의 집으로 돌아가는 소리다. 나이가 들어 귀가 잘 안 들리니 목소리들이 크다. 내가 태어나기 전부터 함께 농사지으며 네 집, 내 집 할 것 없이 평생을 한동네에서 살아오신 분들이다. 자식들보다 서로를 잘 안다.

자식들이 돌봐주지 못하니 서로를 돌보며 해가 뜨면 모여서 놀고 해가 질 때면 집으로 돌아가는 것이다. 비가 오나 눈이 오나, 추우나 더우나 함께 생활하는 분들이다. 그렇게 놀다가도 잠은 각자 집에 가서 잔다. 엄마는 늘 괜찮다고 하는데 집에 혼자 있는 시간이 처음엔 참 힘들었단다. 그래서 노인정에 가서 놀긴 하는데 노인정 방이 꽉 차도록 사람이 많아도, 집에 혼자 있어도 항상 외로운 순간이 있단다.

우리 집은 오후가 되면 햇볕이 마루에 들어와서 따뜻하다. 그래서 어릴 때부터 동네 엄마 친구분들이 많이 놀러 왔었다. 그렇게 평생을 함께 한 친구들과 노인정으로, 우리 집 마루로 모여서 시간을 함께하고 좋은 것도 나누고 힘든 일도 나누며 살아도 왜 외로운 것일까? 원래 사람은 외로워하는 것이 정상적일까? 엄마 나이 정도 되면 이제 외로움은 없을 것 같은데 그렇지 않은가 보다. 좋은 관계를 맺고 살아가는데도 가끔 외로움이 문득 문득 밀려오는 날이 있는 것이다. 그럴 때마다 이 외로움을 받아들여야 하나? 아니면, 모른 척하고 참고 넘겨야 하나? 여전히 어려운 삶의 숙제인 것 같다.

나이가 오십 정도 되고 보니 친구라는 의미가 꼭 또래가 아니어도 괜찮은 것인데 어릴 때는 그렇게 나이가 같은 친구를 만들고 싶어했었다. 더 나이가 들어 할머니가 되어도 외로움은 늘 옆에 있을 것이다. 사회적 동물로 살아갈 수 있다면 덜 외로울 것 같다. 어릴 때도 나이 들어 늙었어도 언제나 외로운 것이 우리의 인생이라면 좀 더 슬기롭게 이 외로움에 대처하는 방법을 찾아보자. 군중 속에 서 있어도 언제나 나는 혼자다. 태어나면서부터 죽을 때까지 함께 있어도 혼자 있어도 외롭다. 그렇다면 외롭다고 힘들어하지 말고 외로움을 받아들이고 즐길 수 있어야 할 것 같다. 내 외로움을 아는 사람은 다른 사람과의 관계에서도 외로워하지 않고 마음 다치지 않고 살아갈 수 있을 것이다. 이제 우리는 외로움을 받아들이고 혼자라도 외로워하지 않으며 사회적 동물로 살아갈 용기를 내

보자. 요즘을 살아가는 사람들은 어느 정도 외로움에 익숙하고 혼밥, 혼

술, 혼자라도 충분히 잘 살아가는 법을 알고 있는 듯하다. 점점 변화해가

는 세상에 우리도 빠르게 따라가야 더 나은 삶을 살아갈 수 있을 듯하다.

부탁을
거절해도
괜찮을까?

나에게는 쌍둥이처럼 함께 자란 두 살 터울의 여동생이 하나 있다. 함께 있으면 얘가 언니고 쟤가 동생이네 싶어도 따로 보면 매번 묻는다. '니가 언니가? 동생이가?' 쌍둥이처럼 닮았어도 성격이나 기질은 정반대이다. 여동생은 순하고 동그랗고 귀여웠다. 반면 나는 좀 까맣고 삐쩍 마르고 신경질적인 아이였다. 아버지는 까칠하지만 눈치가 빠르고 말을 하면 반응이 바로 오는 나를 예뻐했었고, 엄마는 막내인 여동생을 더 예뻐했었다. 오일장에라도 갈 때면 예쁘고 귀여운 여동생만 데려갔다. 데리고

나가면 귀여움을 독차지하고 순해서 엄마가 편했던 것이다. 장에서 돌아

올 때는 여동생은 공주가 되어서 돌아왔다.


　예쁜 드레스에 레이스 달린 양말과 구두를 신고 오는 것이다. 생활비

를 아껴서 막내딸을 공주로 만들어오면 사람들의 반응이 좋아서 엄마는

흐뭇해했다. 반면 나는 레이스라고는 찾아볼 수 없는 추리닝 스타일의

옷을 사 왔다. 그래도 크게 불만이 없었던 것이 나는 추리닝이 편했다.

서로가 그렇게 다르니 얼마나 많이 싸웠겠는가? 지금도 나는 얼굴이며

손 같은 데는 흉터 자국이 많다.


　편견을 깨야 하는 것이 매번 맞는 쪽은 나였다. 동생은 순하고 착한 대

신 고집스럽고 우직하다. 그래서 내가 틀린 행동을 하거나 자기가 손해

본다 싶으면 바로 공격한다. 나는 마르고 힘이 약하니 입으로만 일을 하

고 동생을 이용해먹었다. 잘 이용당하다가 한 번씩 화가 나면 나를 공격

하는 것이다. 어릴 때 나만큼 동생한테 맞고 자란 언니도 없을 것이다.

그런데 어른이 되니 상황이 역전되었다. 동생은 순한 성격 그대로 커서

지금도 순둥이다. 그러니 남들이나 가족에게 자기의 의견을 말을 못 하

고 그냥 따른다. 거절도 못 한다. 언니인 나는 속이 터진다. 바보 같단 생각이 들만치 순하다. 나는 동생에게 좋은 소리가 안 나온다. 세상에 치이고 힘들게 살아가는 동생이 안타깝고 가엽기까지 하다.

나는 항상 동생에게 말한다. 싫으면 싫다고 말하라고 힘든 부탁은 거절하라고. 하지만 동생은 그러지를 못한다. 그래서 늘 손해를 본다. 본인이 참으면 다 좋을 거라고 생각하는데 그렇지 않다고 말해도 안 고쳐진다. 가족을 위해 본인이 희생한다고 생각하는 사람은 나중에 분명히 문제가 된다. 희생에 따르는 보상심리 때문이다. 가족이 좋아하는 음식을 먹으러 가고 가족이 편하게 지낼 수 있도록 본인만 청소하고 빨래하고 가족을 돌본다고 치자.

나중에 내가 아프거나 힘들어서 내가 하던 일을 못 하게 되었을 때 가족들이 나의 고생과 희생을 알아줄까? 알아주기는커녕 자신의 불편함만 토로할 것이다. 누구도 강요한 적 없는 희생에 본인만 힘들고 서러워질 것이다. 적당히 거절할 줄도 알아야 한다. 착하고 순하다는 말만 듣고 자라서 내가 희생하는 것이 착하게 사는 것이라고 착각하면 안 된다. 착하게 살아야 한다는 강박이 더 심해져서 본인만 더 힘들어진다. 어느 순간이 되면 자존감이 바닥을 치고 우울감마저 든다. 착한 사람들이 더 무섭다. 늘 착하다가 한번 터지면 감당하기 힘들다. 착하게 남에게 피해 안 주고 살아가는 일은 본인에게는 엄청 스트레스일 것이다. 그런데 표를 안 내려고 노력하는 게 보인다. 어릴 때부터 착하다는 말을 하도 많이 들어서 착하게 살지 않으면 큰일 나는 줄 아는 것이다. 트레이드마크가 착함이다.

그렇다 보니 거절이나 자기의 주장을 내세우는 일은 절대 할 수 없는 것이다. 이제 우리 동생을 비롯한 세상의 착한 사람 콤플렉스를 가진 모든 이들은 알을 깨고 나와야 한다. 싫은 일은 싫다고 거절도 하고 내가 먹고 싶은 걸 먹으러 가자고 자기주장도 내세워야 한다. 한 번에 되지는 않겠지만 작게라도 연습을 해서 시작을 해야 한다. 알을 깨는 일은 힘든 일이다. 가만히 있으면 절대 깨지지 않는다. 알 속에서 알이 깨질 수 있도록 계속 움직여야 한다. 내 마음 안에서 자꾸 연습하고 움직이면 어느 순간 탁! 하고 깨어질 것이다. 알을 깰 수 있도록 용기를 내는 일에는 자존감이 깊이 관여가 되어 있는 것 같다. 자존감이 높은 사람은 착한 사람이 되려고 애쓰지 않는다. 착하지 않아도 된다고 가볍게 생각한다. 들어주기 힘든 부탁은 기대도 하지 않게 처음부터 거절한다. 남이 나를 어떻게 생각할지는 그리 중요하지 않다. 나는 내가 더 중요한 것이다.

착한 사람으로 살면서 희생하고 배려하는 일은 참 어려운 일이다. 하지만 자존감이 낮은 사람은 오히려 그게 더 쉬울 수도 있다. 그냥 하던 대로 하고 살면 되니깐. 남의 부탁을 거절하지 못해서 힘들게 사는 사람을 주변에서도 많이 봐왔다. 나도 그런 적이 많았다고는 볼 수 없지만 몇 번 있었다. 남편과 나는 건축자재인 철근과 H빔을 주로 판매하는 도소매 업체를 운영하고 있다. 오랜 세월 많은 거래처와 단골들이 있지만 주로 미수가 많은 사람들이 착하고 순해서 사람 좋다는 소리를 듣는 사람들이다. 건물을 지어주고 건축비를 못 받아서 자재비를 못 주는 사람들이 주로 사람 좋은 착한 사람들이다.

외상없이 바로 현금 결제가 기본이지만 일을 하다 보면 하루 이틀 늦어지기도 하고 한 달을 모아서 다음 달에 주는 기성 결제도 있다. 그런데 자재비를 깎고 자재에 대해 민감하게 반응하는 사람은 결제도 잘 해준다. 까다로운 사람은 건축주에게도 까다로워서 대금도 잘 받는다. 대신 집도 잘 지어주고 약속도 잘 지킨다. 그러나 사람 좋다는 소리 듣는 착한 사람들은 모든 사람이 내 맘 같은 줄 알고 계약서도 안 적고 일부터 시작한다. 하다 보면 건축주 사정으로 대금을 못 받아 서로 난처한 경우를 당한다. 그러면 자재 대금이랑 인건비도 못 주는 어려운 사정에 놓이게 되는 것이다.

처음엔 그런 사람들 사정 다 들어주다 보니 회사가 큰 곤경에 빠진 적도 있다. 지금도 못 받은 미수금이 수억이다. 십 년 넘게 이 일을 하고 보니 많은 사람을 겪고 상대해보고 내린 결론은 착하고 순한 사람들이 주변 사람을 더 힘들게 하는 것 같다는 것이다. 거절이 힘든 것이다. 부탁을 거절하면 관계가 깨어질까 두려워하는 것 같다. 다시는 일하지 못할까 봐 좀 손해가 되도 일한다. 바보 같은 짓이다.

건물을 다 지어 공사가 마무리되면 이익이 남아야 되는데 추가된 자재비를 말을 못 해서 끝나고 손해를 보는 경우도 허다했다. 골병만 남는 공사를 왜 하는지 이해가 안 된다. 그런 사람들은 남에게 부탁도 잘 못 한다. 부탁하면 죽는 줄 안다. 착하고 순한 사람들이 보통 이런 유형인데 여러 사람 피곤하게 하고 손해 보게 한다.

제발 착하게 살 필요 없다고 말해주고 싶다. 안 되는 것은 안 된다고 말할 줄 아는 용기가 필요하다. 못하는 것은 못 하겠다고 말해야 한다. 거절도 배워야 한다. 어느 순간에는 거절이 서로를 덜 힘들게 하는 방안이 될 수도 있다. 어차피 우리는 관계 속에 살아가지만 이번 관계가 끊어져도 또 다른 관계가 기다리고 있다고 생각하면 마음이 좀 편안해질 것이다. 서로 오래 좋은 관계를 맺고 살고 싶다면 희생이라는 말로 포장된 착함보다는 용기를 내어 거절을 해보자. 한 번 두 번 용기를 내다보면 더 큰 용기를 불러와서 관계를 이어가는 일이 좀 쉬워질 수도 있다.

더 이상 희생하지 않고 진정한 나로 살아가는 것이다. 용기에 자신감을 더해보면 알에도 금이 가기 시작하고 금이 커져서 드디어 깨어지는 날이 올 것이다. 내가 거절할 용기가 있어야 주변인들도 손해를 덜 본다. 관계의 균형을 위해 꼭 필요한 것이다. 부탁을 거절해도 충분히 괜찮다!!

2장

우리는 자신의
행복을 위해

관계를 공부해야 한다

01

최대한 심플하게,

그러나

행복하게

    요즘은 팬데믹 시대라 거리 두기가 한참이다. 처음에는 거리 두기가 힘들었다. 반찬이며 찌개를 식탁에서 같이 먹는 우리의 식생활부터 모든 생활 영역이 함께 하는 일이 많은 터라 거리 두기가 익숙해지기까지는 많은 시간이 걸렸다. 그런데 지금은 거리 두기가 일상이 되었다. 모임도 줄고 행사도 없어지고 혼자이거나 혹은 가족끼리 조용히 시간을 보내는 경우가 많다. 그러다 보니 자연스럽게 사람들과의 관계도 알게 모르게 거리 두기가 된 것 같다.

이런 관계의 거리 두기는 우리 모두에게 필요한 일인 것 같다. 좀 더 좋은 관계를 유지할 수 있는 방법이기도 하다. 거리 두기를 하고 나서는 나는 엄마랑 싸워본 적이 없는데 그 원인이 나와 엄마 사이의 약간의 거리 두기 때문인 것 같다.

어릴 때부터 엄마는 나를 약간 어려워하는 것 같은 느낌이 들었다. 자식들 중에도 좀 어려운 자식이 있다는 말을 들은 적이 있어서 나는 '내가 그런 자식인가보다'라고 생각만 했었다. 그리고 보니 엄마랑 나랑은 큰소리 내고 한 번도 싸워본 적이 없다. 다른 집은 딸이랑 엄마가 토닥거리며 많이 싸운다고 들었는데 우리 엄마랑 나는 싸운 기억이 한 번도 없다. 하물며 사춘기에도 아버지께는 대들고 반항을 했어도 엄마한테는 그런 기억이 없다. 물론 다른 집 딸처럼 엄마랑 둘이서만 좋아서 속닥거리고 엄마랑 죽고 못 사는 그런 일도 없었다. 뭔가 보이지 않는 거리가 있었던 것 같다.

예민하고 똑똑한 딸이 한글도 모르는 엄마는 부담스러웠을 것이다. 아버지의 전폭적인 지지를 받고 제멋대로 하는 딸이 엄마는 감당하기 어려웠을 것이다. 그러다 보니 저절로 적당한 거리가 생겨버렸다. 남들은 결혼해서 아이를 낳으면 엄마가 제일 먼저 생각난다는데 나는 이상하게 아버지가 보고 싶고 생각이 났었다. 시골집에 전화해도 아버지와만 통화하고 엄마가 전화를 받으면 아버지 바꿔 달라고 했었다. 그런 딸에게 엄마는 많이 서운했을 테지만 내색을 하지 않으니 몰랐다.

아버지가 계실 때는 뻔질나게 찾아가고 아버지가 좋아하는 반찬이며 옷을 사다 날랐다. 무조건 아버지 위주로 했었다. 명절에 안 가면 난리 나는 줄 알았다. 지금 아버지가 돌아가시고 엄마 혼자 계시니깐 잘 안 가진다. 명절에도 가족끼리 다른 데로 놀러 가기 바쁘다. 엄마는 왜 안 오느냐 보고 싶다고 하시지도 않는다. 그렇게 엄마와는 적당한 거리로 서로 서운해하지 않고 상처받지도 상처주지도 않는 관계가 되었다.

대신 가슴에는 절절한 애달픔이나 깊은 사랑 같은 건 없다. 어디가 아파도 다른 자식들에겐 아프다고 병원에 데려다 달라고 하시지만 나에게는 절대 아픈 내색을 안 하신다. 엄마가 목욕하는 걸 좋아하셔서 가끔 목욕탕엘 모시고 간다. 처음에는 딸인데도 엄청 부끄러워하셨다. 등을 밀

어드리면 괜찮다고 하지 말라신다. 그래서 짜증도 좀 냈었다. 다른 자식들과 다르게 내게만 통 곁을 주시지 않는 것 같아서 약간 서운해지려고도 했었다. 그러나 나는 이해한다. 엄마랑 나랑은 그런 관계인 것이다. 어쩌면 아주 심플한 관계, 어쩌면 너무 편안한 관계이다.

이 세상에 서로 사랑하지 않는 모녀가 어디 있겠느냐마는 다른 사람들이 보면 엄마랑 나랑은 사랑하지 않는 것처럼 보일 정도로 거리가 있다. 우리 모녀는 어쩌면 요즘 시대에 맞는 관계 거리 두기를 평생 하고 산 것일 수도 있다. 그런 관계라고 해서 서운하지 않다. 오히려 서로의 거리 때문에 더 행복하다. 왜냐하면, 기대하지 않으니 실망할 일도 없고 서로가 편하기 때문이다. 모든 가족이나 친구들과 그럴 필요는 없겠지만 적당한 거리 두기는 서로의 관계를 더 오래도록 지속할 수 있는 좋은 방법인 것 같다. 복잡하게 어렵게 생각하지 않고 심플하게 쿨하게 사는 것이다. 그러다 보면 관계에서 오는 스트레스를 줄여줄 수 있지 않겠는가. 좀더 나 자신이 행복해질 수 있는 계기가 될 수도 있다.

세상을 살다 보면 어쩔 수 없이 결정을 내려야 하는 순간들이 있다. 결정에는 여러 책임이 따른다. 직업이나 직장은 바꿀 수도 있고 옮길 수도 있는 결정이지만 결혼이나 출산 같은 결정은 바꾸기가 어려운 무거운 책임이 따르는 결정이다. 그런데 인생을 바꾸는 결정적 선택을 대부분 우리는 철없는 어린 나이에 하게 된다. 나도 그러했다. 삼십 대도 아니고 이십 대 초반에 결혼하고 출산하여 살아보니 참 많은 여러 결정을 내리는 일에 어려움이 있었다.

잘된 것이든 잘못된 것이든 내가 내린 결정은 이유 여하를 막론하고 내가 책임을 져야 한다. 내 결정에 책임을 지는 일은 어린 나에게는 참 벅찬 일이었다. 아이들을 키울 때도 책에서 보고 글로 육아를 배우다 보니 시행착오도 많았다. 그러다 어느 날 깨달은 것이 있다. 아이들에게서 모든 욕심을 내려놓고 쿨하게 키워보자는 것이었다.

아이들이 보내는 학원마다 농땡이를 치고 출석을 하지 않았다. 미술, 피아노, 태권도, 공부방… 등등 나는 최선을 다한다고 생각하며 학원비를 마련하려고 일을 했는데 아이들은 그런 엄마의 마음도 모르고 아예 학원을 가지 않는 것이다. 처음엔 혼내고 나무라다가 엄마 마음을 몰라준다며 눈물까지 흘려가며 학원에 가라고 종용했었다. 그러다 지쳐 곰곰이 생각해보니 내가 아이를 위한다는 미명 아래 아이들을 혹사시키고 내 욕심대로 되지 않으니 아이들을 닦달하고 있다는 것을 깨닫게 되었다. 내 아이들이 또래 다른 아이들보다 뒤처질까 봐 혼자 안달복달했다. 참 한심한 엄마였다. 그걸 깨닫고 나는 결정했다. 아이들이 공부를 잘해서 좋은 대학에 가고 훌륭한 사람이 되는 것보다 본인이 하고 싶은 일을 하며 행복하게 사는 아이로 키워야겠다고! 결정하고 나니 마음이 편해졌다.

주변의 사람들은 이해할 수 없다고 고개를 저었지만 나는 결정했으면 책임을 져야 한다고 생각했다. 다른 엄마들은 그러다 대학도 못 간다고 말렸다. 나는 대학을 못 가면 학원 보낼 돈을 저축하여 나중에 치킨집을 차려주겠다며 큰소리를 쳤다. 세상 살다 보면 힘든 순간마다 어린 유년기의 행복했던 기억을 떠올리며 힘을 낼 수 있도록 더 많은 놀이와 추억을 경험하게 해주고 싶었다.

평상시에도 놀이터에서 열심히 뛰어놀았지만 방학 때만 되면 아이들은 더 바빴다. 체험이나 여행을 보냈다. 혼자도 보내고, 같이도 보내고 우리 아이들이 더 많은 세상을 볼 수 있도록 길을 열어주고 싶었다. 청학동도 가고 배를 타고 대마도로 캠핑도 갔다. 중학생인 아이 둘이서 유럽도 다녀왔다. 내 결정이 맞는지 틀린지는 알 수 없었다. 만약에 틀리다면 또 다른 결정을 하면 된다고 생각했다. 생각을 심플하게 하니 삶이 수월해졌다. 아이들을 혼내지 않아도 되고 같이 뒹굴고 놀면서 나도 행복해졌다. 공부에 연연하지 않으니 오히려 아이들이 공부를 해야겠다고 책을 본다.

그때 내린 내 결정이 지금은 옳은 결정이었다는 생각이 든다. 왜냐하면 우리 아이들이 밝고 건강하게 너무 잘 커주었기 때문이다. 자식 농사 마음대로 안 된다고들 하는데 나는 자식 농사가 풍년이다. 그렇다고 뭐 대단한 일을 하고 대단한 사람들이 된 것은 아니다. 하지만 내가 바란 만큼 아니 어쩌면 내가 원한 것보다 훨씬 멋지게 잘 자랐다. 엄마보다 더 마음이 단단하고 세상을 두려워하지 않는 청년들이 되었다. 당당한 청년이 된 두 아이가 현실에 안주하지 않고 더 나아가기를 바랄 뿐이다. 나는 우리 아이들이 본인들의 꿈을 펼치며 멋지게 살아가길 바란다. 항상 응

원하고 격려한다. 심플했던 내 결정이 우리 가족에게 행복을 선물했다.

사람과의 관계에서도 마찬가지다. 내가 내린 결정이 심플하고 깔끔할수록 관계도 그러하다. 복잡하고 어렵게 생각하지 말고 쉽게 생각하자. 상대방이 싫다면 할 수 없지만 너무 눈치를 볼 필요는 없다. 앞으로 살아가면서 더 많은 관계를 맺고 여러 결정을 하게 되겠지만 그럴 때마다 나는 생각할 것이다.


'최대한 관계는 심플하게, 그러나 내 마음은 행복하게.' 나와 엄마와의 관계도 심플하니 어려움이 없다. 아이들과도 복잡하지 않으니 친구처럼 잘 지낸다. 주변의 모든 사람들과 다 그래야 하는 건 아니지만 가끔은 정말 심플하게 살 필요가 있는 것 같다. 머릿속도 편하고 관계도 편해지는 간결함을 우리는 공부해야 한다.

관계를 위해선
걱정이 아니라
연습이 필요하다

회사 퇴근하고 친구들과 간단하게 맥주 한잔 마시는 낙으로 사는 때가 있었다.

큰 희망을 안고 벌려놓은 사업이 어려워지고 매일이 괴로워서 집에 있을 수가 없었다. 그렇다고 친구들이 내 일을 해결해주는 것은 아닌데 그냥 그렇게 매일 술을 마시며 웃고 떠들며 시간을 보냈다. 그러면서 한 가지 사실을 알게 되었다. 돈을 많이 버는 좋은 직장에 다니는 사람도 일용

직으로 힘들게 일하는 사람도 퇴근하고 삼삼오오 모여서 저녁 겸으로 간단하게나마 밥과 술을 먹고 있었다. 우리나라에서 직장을 다니는 사람들은 대부분 그런 것인 양 술을 마시고 밥을 먹고 있었다.

하루 동안 회사에서 있었던 일이며 직장 상사 험담이나 일과 관련된 이야기를 나누며 소주잔을 기울이는 모습들이 거의 비슷하다. 술자리에서 하는 이야기들을 들어보면 서로의 입장 차이와 사람들과의 관계에서 오는 스트레스가 많다.

생산직에 근무하는 직장인들은 여럿이 함께 일하다 보면 서로 소통과 균형이 중요한데 그런 면이 어려운 것 같다. 사무직에 종사하는 사람들도 마찬가지로 사람들과의 일로 인한 관계가 늘 고민거리인 것 같다. 낮에는 일하느라 힘들고 밤에는 같이 모여 술을 먹어야 하니 직장 생활이라는 게 참 피곤하고도 어렵다. 물론, 운동하거나 취미 생활을 한다거나 하면서 자기만의 시간을 보내는 사람들이나 가족들과 대화하며 함께 식사하는 사람들도 있겠지만 역시 직장인의 낙은 마치고 맥주 한잔하는 것이지 싶다.

같은 직장에 다니는 사람들은 회식은 아니라도 저녁 같이 먹자고 하는 말을 뿌리치기가 힘들다. 나만 빼고 무슨 말들을 할지 걱정되기 때문이기도 하고 또 같이 시간을 보내야 더 돈독해진다. 전날 술을 함께 먹은 사람들은 자기들끼리 어제 있었던 일을 자꾸 이야기한다.

그러면 그곳에 끼지 못한 사람은 소외감을 느낀다. 그렇다고 얄팍한 주머니 사정 생각하면 매번 같이할 수도 없다. 난감할 때가 많다. 같이 먹자니 몸이 상하고, 돈도 든다. 안 먹자니 나만 왕따 되는 것 같은 기분이 든다. 직장인들은 일만 힘든 게 아니다. 같이 일하는 직장 동료들과의 관계도 아주 중요하기도 하고 어렵기도 하다. 한날한시에 태어난 쌍둥이도 다 다른데 전혀 다른 남이고 직장에서 처음 본 사람들인데 잘 맞고 쉬울 리가 없다.

그러니 직장 밖에서라도 친하게 지내보려고 밤마다 소주잔을 기울이며 그 자리에 참석하지 않은 동료를 안주 삼는다. 우리 가족 먹고살 수 있도록 월급 주는 사장님을 테이블 위에 얹어놓고 안주처럼 씹어댄다. 지금 함께 있는 동료와도 계속 잘 지내면 좋지만 언제 다른 노선을 갈아

탈지 몰라서 불안하다. 이렇게 걱정되는 관계들과 언제까지 이래야 하나 싶은데 어쩌면 더 이상 직장을 다니지 못하는 순간이 올 때가 되어야 되지 싶다.

내가 아는 사람 중에 직장에 다니면서 같은 취미 활동을 하는 사람들이 있다. 만나면 똑같은 말만 한다. 세계 평화나 민족 통일은 아니더라도 사회 전반적으로 돌아가는 상황이나 다른 일들을 대화의 주제로 이야기할 것 같아도 전혀 다른 일에는 관심이 없다. 오로지 자기들의 취미와 관련된 대화만 한다. 하는 일도 직장도 다 다르다. 그런데 신기하게도 같은 주제로만 대화한다. 그래서 그런지 갈등 없이 잘 지낸다. 처음엔 술도 못 마시던 사람도 같이 자꾸 어울리다 보니 술이 점점 늘어 말술이다. 취하면 목소리가 커지니 더 시끄러워진다. 직장 생활에서 오는 고충을 다른 방향으로 푸는 것 같은 느낌이다.

30대 때부터 허리 디스크로 고생을 한 남편이 40대 중반이 되어서 수술을 했다. 너무 아파서 도저히 참을 수 없는 지경에 이르러서야 수술대에 올랐다. 수술이 잘 되어 완치되었다고 생각했는데 요즘 다시 재발해서 고통을 호소한다. 재활 치료를 해도 좋아지지 않고 점점 고통이 심해져서 괴로워하고 있다. 이 디스크라는 것은 우리 몸을 고정시키는 척추 뼈와 뼈 사이에 있는 것이다. 뼈끼리 서로 부딪쳐서 다치지 않도록 완충제 역할을 해준다.

뼈와 뼈 사이의 디스크가 빠져나와 지나가는 신경을 누르면 다리가 저리고 걷기도 불편한 상황이 온다. 그러므로 디스크는 아주 중요한 역할을 맡고 있다.

남편은 늘 말한다. 어디에 피가 나거나 하면 보여나 주지 이 디스크는 말도 못 하게 너무 아픈데 꼭 꾀병 같아서 말하기도 창피하다고. 그러나 너무 아파 병원에 가도 당장은 다른 방법이 없어서 주사 한 대 맞고 돌아오는 것이 다반사였다. 그래도 수술하지 않고 덜 아프려면 디스크 근처에 있는 근육을 키우면 된다고 의사 선생님이 말씀하셨다. 꾸준하게 근육운동을 하니 요즘은 참을 만하다고 한다.

디스크도 근육을 키우면 좋아진다고 하는데 사람들과의 관계에서도 마음 근육을 키우면 어떨까. 그럼 마음 근육은 어떻게 키우는 것일까. 지나가는 작은 말에도 쉽게 상처받는 사람들이 있다. 별일도 아닌데 혼자 너무나 괴로워한다. 물론 나도 그런 적이 많았고 지금도 전혀 그렇지 않다고 자신 있게 말하지는 못한다. 마음 근육을 키우는 방법 중에 가장 효과 좋은 방법은 자기 자신을 사랑하는 것이라 생각한다.

자기 자신이 가장 소중하고 귀한 사람이라는 것을 알고 자신을 진정으로 사랑하는 사람은 마음 근육도 단단하다. 다른 사람의 눈치를 보지 않고 오로지 나 자신을 위한 삶을 사는 사람은 쉽게 상처받지 않는다. 마음 근육이 단단해질 수 있도록 오늘부터 아니 지금 이 시간부터 진심으로 나 자신을 사랑하는 연습을 하자. 걱정하면 걱정이 자꾸 생겨서 더 걱정이 된다. 더 이상 걱정하지 않는 연습부터 하자.

매일 걱정이 나를 집어삼키고 한숨이 일상이 되어버린 날들 앞에 무기력하게 당하고만 있었다. 주변 사람들은 그럼에도 불구하고 늘 밝은 나를 보고 걱정 없이 사는 사람이라고 말했다. 오래간만에 만난 고향 친구는 내가 참 행복 지수가 높아 보인다고 말했다. 사람들 앞에서 초라해지는 내 모습이 싫어서 좀 과장되어 보일 정도로 밝게 살았나 보다. 그런데 그렇게 내가 힘든 모습을 숨기고는 있어도 마음속은 항상 불안하고 다가올 내일이 걱정되었다. 그냥 한순간에 지구가 폭발해서 사라져버렸으면 좋겠다고 생각한 적도 있다. 걱정을 한다고 일이 갑자기 해결되는 것도 아닌데 걱정하느라 머리가 터질 것 같았다.

그런데 어느 날 알게 되었다. 걱정한다고 될 일이 안 되고, 안 될 일이 되지는 않는다. 바보 같이 걱정만 하는 나 자신이 한심했다. 걱정에서 벗어나고 싶었다. 빚만 없으면 더 이상 걱정이 없을 것 같았다. 로또복권을 매주 사며 간절히 1등에 걸리는 상상을 했다. 1등에 걸려서 빚을 다 갚고 사업 자금도 원활히 돌아가는 상상을 하면 살 것 같았다. 나는 걱정에서 벗어나고 싶어서 잘 되는 상상을 하며 꿈을 꾸었다.

그러다 보니 방법을 찾게 되고 스스로 더 강해지는 느낌을 받았다. 빚 없이 남에게 도움을 주며 사는 멋진 날을 매일 상상한다. 누구에게 무슨 말을 들어도 상처받지 않을 마음 근육을 만들어 나 자신을 더 사랑하며 산다.

직장에서는 여러 종류의 사람들과 좋은 관계를 맺고 살아가기란 쉽지 않다. 마음 근육을 키우는 연습을 하여 내가 덜 상처받을 수 있는 방법을 찾아야 한다.

직장이라는 곳 자체를 대하는 내 마음이 달라지면 다른 세상이 펼쳐질 것이다. 매일 얼굴을 봐야 하는 직장 사람들을 대하는 내 마음에 근육을 단단히 만들어서 어떤 상황이라도 내 마음 먼저 챙기고 관계에서 오는 스트레스를 이겨내보자. 어제저녁 퇴근 후 나를 안주 삼아 모였을 거라는 걱정은 이제 더 이상 하지 말고 나와는 전혀 상관없이 세계 평화를 주제로 모여서 술을 마시고 놀았을 거라 내 마음대로 생각해버리자. 더는 걱정되어서 끌려다니는 일은 그만두고 그 시간에 책을 보고 운동을 하며 자기 계발을 하자. 사람들과의 관계가 아무리 중요하다 한들 내 인생만큼은 아니다. 이제부터는 관계에서 오는 걱정으로 힘들어하지 말고 나를 더 아끼고 나를 더 발전시키는 연습을 하자.

뼈와 뼈 사이의 그 작은 디스크도 자기 자리를 벗어나면 우리 몸 전체에 고통을 주고 일상생활이 어려워지기까지 한다. 우리 마음이 더는 힘들지 않게 마음 근육을 단단히 다져서 아프지 않게 하자.


　더 이상 저녁마다 맥주를 마시며 걱정하고 힘들어하지 않고 행복해지는 연습이 필요하다. 내가 행복해지고 마음의 여유가 생기면 모든 관계는 자연스럽게 좋아진다고 장담한다. 감사할 줄 알고 행복을 보는 눈이 생기면 문 앞에 서 있는 행복을 놓치지 않고 단단히 붙잡을 수 있다.

03

"살다 보면 그럴 수도 있지"라는
생각에서
벗어나라

 

어떻게 사는 것이 잘사는 것일까? 건강하고 행복하고 부자 되자는 뜻
에서 건배사를 '건행부!'라고 많이 한다. 사람이 살아가는 일에는 많은 중
요한 일이 있지만 건강하고 행복하게 사는 일은 정말 중요한 일인 것 같
다. 건강을 한 번이라도 잃어본 사람은 건강을 제일로 생각하고 건강에
집중한다. 먹는 음식도 조절하고 운동도 열심히 하고 그 좋아하던 술 담
배도 다 끊는 것을 주변에서 종종 봤다. 돈을 잃고 고통을 겪어본 사람은
다시 돈을 벌기 위해 고군분투하며 열심히 노력한다.

돈을 벌면 건강은 자연히 따라온다 생각하고 앞만 보고 달린다. 사람들은 제각각 원하는 바가 다르니 관심과 노력의 방향도 다르다. 자신이 추구하는 한쪽 방향으로만 치우치다 보면 더 힘들어질 수도 있다. 어느 쪽으로도 기울지 않게 균형을 잘 맞추고 가야 한다. 작은 빗물 한 방울이 바위에 구멍을 내고 끝내는 그 바위를 갈라지게까지 한다. 몸도 마음도 밸런스를 잘 잡고 적당히 해야 건강하고 행복한 삶을 살 수 있다.

나는 결혼하면서 이곳 작은 도시로 이사를 왔다. 지금은 엄청 커진 위성 신도시지만 우리가 여기로 왔을 때만 해도 논밭이 많은 작은 도시였다. 대중교통이 불편해서 시내로 나가는 일이 여간 어려운 것이 아니었다. 그래서 평소의 꿈이었던 운전면허증을 따서 나만의 작은 자가용을 장만하기로 했다. 아이들이 어리니 버스를 타고 병원이나 볼일을 보러 시내에 다니는 일은 하루 종일 걸리는 엄청난 일이었다. 그래서 일찍이 면허증을 취득하고 빨간 경차를 예약해놓고 밤마다 남편 차로 연습을 했다.

남들 다 퇴근하고 쉬는 조용한 시간에 남편 차를 몰고 햄버거를 사 오는 일이었다. 밤 9시만 넘으면 길에 차가 적게 다니니 혼자서 연습 삼아 밤마다 남편에게 햄버거를 사다 주겠다고 차 키를 받아서 나갔다. 아이들은 남편에게 맡기고 늦은 밤에 혼자 차를 몰고 나가는 일은 정말 심장 터질 것 같은 기대감과 긴장감의 연속이었다. 처음엔 벌벌 떨면서 나갔지만 시간이 지날수록 웃으면서 들어오게 되었다. 아파트에서도 소문이 나서 여자가 간이 크다고 수군댔다. 그런데 나는 정말 재미있었다.

긴장하고 나가서 거짓말처럼 새우버거를 사 들고 오는 나를 보고 남편은 대단하다 하면서도 의아해했다. 거실에서 내다보니 라이트도 안 켜고 다니더란다. 자동차 라이트가 안 켜진 것도 모르고 눈에다 불을 켜고 그 밤길을 다녔던 것이다. 낮에만 학원에서 배운 실력이니 밤에 라이트 켜는 것을 알 리가 없었다. 시골길은 도시보다 가로등이나 건물이 많이 없으니 더 깜깜하다. 만약에 다른 차들이 많이 다녔다면 한 번은 크든 작든 사고가 나고 남에게 피해를 줬을 것이다. 요즘 차들은 어두워지면 자동으로 라이트가 켜지지만 예전에는 일부러 켜지 않으면 안 켜졌다. 어두운 시골길을 라이트 안 켜고 달리는 일은 엄청 위험한 일이었다. '살다 보면 그럴 수도 있지.'라고 웃어넘기기에는 좀 아찔한 기억이다. 작은 실수가 나비효과처럼 커져서 엄청난 결과를 몰고 올 수도 있다.

그 후로 깜찍한 빨간 경차를 장만하여 우리 아이들뿐만 아니라 온 동네 아이들을 다 데리고 다녔다. 시동을 걸면 라이트 켜는 것을 제일 먼저 했다.

사춘기를 맞은 중학생 아들이 친구들과 어울려서 놀러 갔는데 파출소에서 전화가 왔다. 무슨 일인지 몰라서 달려가보니 아파트 상가 화장실에서 불장난을 했다는 것이다. 신문지를 모아서 불을 붙여서 하마터면 상가에 불이 날 뻔했다고 난리가 났다. 파출소 경찰은 그전에 있던 다른 상가에서 일어난 일까지 아들과 친구들에게 덤터기를 씌우며 거품을 물었다. 나는 그런 위험한 행동을 한 아이에게도 화가 났지만 장난기와 호기심 많은 어린 아이들을 범죄자 취급하는 경찰관 때문에 더 화가 났다. 가만히 듣고 있다가 더는 못 참고 경찰관이랑 싸움이 났다. 다른 경찰이랑 남편이 말리고 아이들이 오히려 울면서 싸우지 말라고 울부짖는 지경에 이르렀다. 한참 만에 겨우 정신을 차리고 차분히 대화를 이어갔다. 하마터면 불낼 뻔했다고 어쩔 거냐고 한다. 불이 안 났는데 뭘 어쩌냐고 대

꾸했다. 결국에는 다른 아이 부모님들의 중재로 무사히 귀가 조치 했지만 그날을 생각하면 아직도 화가 난다.

아이들이 물론 잘못은 했다. 그러나 아이들은 그런 잘못은 얼마든지 할 수 있다고 본다. 아무 잘못도 안 한다면 좋겠지만 잘못을 했어도 따끔하게 혼내고 앞으로는 조심시키면 된다고 생각한다. 아이들도 호기심에 장난으로 했지만 잘못이라는 것을 충분히 알고 있고 눈치를 보며 반성하고 있다. 그럼에도 끝까지 범죄자 취급을 하고 겁을 주니 엄마 입장으로는 기가 찼다. 물론 아이에게도 다시는 그러지 말라고 눈물 쏙 빠지게 혼을 냈다. 그 불장난이 장난으로 끝나서 천만다행이었다. 경찰관 말처럼 불이 났다면 어쩔 뻔했는가 생각만 해도 무섭고 두렵다.

'살다 보면 그럴 수도 있지.'라고 생각하고 넘어가기에는 좀 심각하고 아찔했다. 절대 그런 일은 일어나서도 안 되고 생각도 해서는 안 되는 일이다. 훗날 여행길 차 안에서 아이가 그때 이야기를 하며 엄마가 잘못한 저를 나무랄 줄 알고 겁먹고 있었는데 경찰관 아저씨랑 자기 때문에 싸우는 걸 보고 감동했단다. 평상시엔 남에게 절대 싫은 소리 안 하는 엄마가 무서운 경찰 아저씨랑 싸우는 걸 보고 다시는 엄마 속 썩이는 행동은 하지 말아야지 다짐했단다. 물론 그 이후로도 두어 번 다른 일로 학교에 불려가는 일은 있었다.

사춘기 아이들이 학교폭력을 당하고 오면 부모의 가슴은 찢어진다. 지속적으로 학교폭력을 당한 피해자는 평범한 일상생활을 하기도 힘들다. 트라우마로 고생하다가 극단적인 선택을 하는 아이들도 있다. 우리가 어린 시절에는 '아이들이 같이 놀다 보면 싸울 수도 있고 그렇지 뭐.'라고 그렇게 대수롭지 않게 생각하는 사람도 많았다. 그러나 실제로 당하는 피해자는 정말 죽고 싶을 만큼 힘들다. 요즘도 종종 학교폭력에 대한 뉴스가 나온다. 세월이 흘러 스마트시대가 되었는데 아이들의 행동은 예전과 비슷하니 안타까운 마음이다.

그렇게 어린 나이에 깊은 상처로 자리 잡은 아픔은 어른이 되어 사람들과의 관계에도 크나큰 걸림돌이 된다. 여리고 약하여 쉽게 상처받고 쓰러진다. '사람이 살다 보면 한 번쯤 학교 다닐 때 그럴 수도 있지.'라고 안일하게 생각하면 안 된다. 세상 그 어디에도 소중하지 않은 사람은 없다.

초보운전자 시절 내가 자동차 라이트도 켜지 않고 어두운 시골길을 다니는 아찔한 일이나 아들이 호기심으로 신문지에 불을 붙이는 일은 학교 폭력에 비하면 작은 일이라고 생각할 수도 있지만 결코 작은 일이 아니다.

우리는 살면서 크고 작은 실수도 하고 남에게 피해가 되는 일을 하기도 한다. 물론 누구에게도 피해가 안 되고 잘해주면 좋은데 그게 쉽지 않은 것은 사실이다. '살다 보면 그럴 수도 있지.'라며 합리화를 하고 얼렁뚱땅 넘어가면 나중에는 더 큰 일이 생길 수도 있다. 특히, 학교폭력은 이제 사라져야 한다. 폭력 가해자 아이들의 에너지를 다른 곳으로 돌리는 방법을 찾아보면 어떨까?

하기 싫은 공부를 하라고 교실에 묶어두지 말고 아이들이 좋아하는 것을 배우거나 할 수 있도록 찾아주고 배려해주면 좋을 것 같다. 아이들 괴롭히는 일보다 더 재미있는 쪽으로 방향을 틀어주면 어쩌면 멋진 어른으로 자랄 수 있는 발판이 될 수도 있다. 더 이상 아이들이 상처받지 않고 상처주지도 않고 살아갈 수 있었으면 하는 바람이다. 친구들과의 교우 관계가 좋아야 어른이 되어서도 사회생활에서 만나는 사람들과도 잘 지낼 수 있다. 친구가 부모보다 중요한 나이가 청소년기의 아이들이다. 친구들과 좋은 추억만으로도 평생 살아갈 힘이 되기도 한다. 나이가 들면 추억을 먹고 산다는 말도 있다. 친구들을 생각하는 추억이 행복한 기억이 될 수 있었으면 좋겠다. 어떻게 사는 것이 맞는지 정답은 없다. 각자의 방식으로 생각으로 잘 살면 된다. '살다 보면 그럴 수도 있지.'라는 생각에서 벗어나서 서로의 다름을 인정하고 함께 어울려서 살아가야 한다. 그런 사회구조를 받아들이고 이해하며 우리 스스로 건강하고 행복하게 사는 법을 찾아보자. 그러면 분명히 좋은 날이 온다.

04

우리는 자신의
행복을 위해
관계를 공부해야 한다

아이들을 어느 정도 키워놓고 봉사 단체에 가입했을 때의 일이다. 회원 대부분의 연령이 대충 봐도 50대 이상이다. 나는 일찍 결혼했으니 40대 초반 정도 되었었다. 거의 막내 수준이어서 심부름도 하고 궂은일은 솔선수범했었다. 원래 성격 자체가 호기심이 많고 새로운 것을 좋아하는 스타일이라 처음엔 참 재미있었고 많은 사람들을 알게 되는 것도 좋았다. 봉사를 해보니 내가 가진 것이 얼마나 많은지도 알게 되었고 감사하는 삶을 살아갈 수 있는 좋은 기회였다. 세월이 흘러 단체의 회장을 맡게 되었는데 많은 사람들 앞에 나서는 것이 쑥스럽고 자신이 없었다. 그래서 주변의 추천으로 리더십교육을 받으러 갔다.

　교육 첫날 교육생들 앞에서 본인 소개를 하라는데 처음 보는 많은 사람들 앞에 서려니 심장이 쿵쾅거리고 얼굴이 홍당무처럼 빨개졌다. 기어들어가는 목소리로 겨우 말하고 내려오는데 정신이 하나도 없었다. 뭐라고 말했는지 기억도 안 났다. 다른 사람들은 다 잘하는 것처럼 보였다. 그런데 한숨을 돌리고 들어보니 다른 사람들은 나보다 더 엉망이었다. 물론 그래서 배우러 오긴 왔겠지만 한마디도 못 하고 내려오는 중년의 아저씨도 있었다. 웃음도 나고 살짝 자신감도 붙었다. 적어도 저 아저씨보다는 내가 좀 낫구나 싶어서 안도감도 들었다. 매주 수요일만 되면 심장이 두근거리고 오늘은 또 무슨 발표를 시킬까 두려웠다. 그래도 매번 말도 제대로 못 하는 중년의 아저씨 동기가 있어서인지 매주 발표실력이 늘어갔다. 4주쯤 지나니 이제 동기들 앞에서는 자신 있었다.

　수업하기 전에 교실 밑에 있는 상가 식당에서 저녁을 먹고 간다는 핑계로 소주를 한 병씩 마시고 들어간 날도 있었다. 비슷한 사람들끼리 동병상련의 마음을 나누며 전우애마저 생겼다. 전 과정을 마치고 수료를 할 시점에는 자신 있게 동기들 앞에서 농담까지 해가며 발표를 하는 나 자신을 발견했다. 물론 수업이 없는 날도 연습하고 사무실에 혼자 있는 시간에도 연습한 결과다. 수료식 날 나는 동기들을 대표하여 사회까지 맡았다. 옷도 새로 한 벌 사 입고 화장도 예쁘게 하고 연습에 연습을 거듭하여 대사를 줄줄 외울 만큼이 되었다. 지인들과 손님이 많이 모인 행사장에서 사회를 보고 나니 자신감이 하늘을 찌를 듯했다. 이제 웬만한 자리에서는 내 소개를 하고 발표를 하는 일은 할 수 있다. 동기들 중에는 중간에 그만둔 사람도 있다. 그러나 나는 살면서 꼭 필요한 일이란 생각에 수료하는 날까지 열심이었다.

처음엔 한마디도 못 하던 동기아저씨도 수료를 했다. 썩 잘한 것은 아니지만 그래도 자신을 소개하고 웃으며 내려올 수 있는 정도는 되었다. 그때의 동기들은 지금도 가끔 만난다. 그때 얻은 자신감은 지금까지 살면서 내 내 고마운 경험이 되었다. 나는 리더십 교육을 듣고 3가지를 얻었다.

첫 번째는 청중 앞에서 떨지 않는 자신감, 두 번째는 친구 같은 동기들, 세 번째는 배우고 연습하면 나 자신이 업그레이드된다는 것이다. 물론 학교에서도 공부는 했지만 학교 공부와는 또 다른 인생 공부였다. 남 앞에서 떨지 않고 자신의 주장을 자신 있게 말할 수 있는 능력은 정말 돈을 주고라도 살 수 있다면 사야 하는 능력인 것 같다. 그 이후로 나는 단체의 회장을 맡고도 떨지 않고 무사히 임무를 완수했다.

나는 나의 행복을 스스로 만든 것이다. 내가 중간에 그만두었다면 지금도 여전히 남 앞에서 말도 제대로 못하는 사람일 것이다. 그러나 나는 끝까지 했기 때문에 소중한 동기들도 얻고 나의 행복도 얻었다. 우리는 사람과의 관계도 이렇게 공부하고 연습해야 한다고 생각한다.

관계가 어려워 힘들어하는 사람들이라면 좋은 관계를 맺을 수 있는 방법을 배워야 행복해질 수 있다고 생각한다. 학교나 가정에서는 가르쳐주지 않지만 요즈음은 SNS나 유튜브에 보면 관계에서 오는 힘듦을 들어주고 충고해주는 곳이 많다. 그냥 혼자 힘들어하지 말고 어디에서라도 배우자. 그리고 연습을 하자. 좀 더 나은 관계가 나에게 행복을 가져다줄 수 있도록 나를 위한 노력을 해보자. 사람은 죽을 때까지 배워야 한다는 말을 자주 하곤 한다. 너무 빠르게 변하는 세상의 속도에 한 박자씩 늦게 그것도 겨우 따라가는 기성세대들이 입에 달고 사는 말이다. 세상이 아무리 빠르게 변해도 사람과의 관계는 잘 변하지 않는다. 오히려 더 쉽게 상처받고 더 어렵다. 배우는 일은 어차피 우리가 죽을 때까지 해야 하는 일이니 배우는 것을 두려워 말아야 한다. 행복해지는 법도 배우면 된다.

나의 행복을 어느 누가 가져다줄 것인가? 나의 행복은 오로지 나 자신의 문제다. 돈이 많은 부자여도 행복할 줄 모르는 사람이 있고 돈이 없어 가난하지만 늘 마음속 깊은 곳에서부터 행복하다고 느끼며 사는 사람도 있다. 꼭 행복해야 된다는 말은 아니다. 하지만 이왕 사는 거 행복하게 사는 것이 더 좋지 않겠는가?

어느 유명한 스님에게 신도가 물었다.

"돈도 많고 자식들도 다 잘되고 걱정이 없는데 행복하지가 않아요."

스님이 대답했다.

"좀 있으면 몸도 아파지고 불행해진다. 불행해지면 행복이 뭔지 알게 된다."

　반드시 행복하게 살아야 된다는 것이 아니라 불행하지 않으면 행복한 것이니 내 안에서 행복을 찾아야 된다는 말이 아닐까? 가족과 친구와 혹은 직장에서도 이어지는 모든 관계가 어렵고 불행하다고만 생각하지 말고 내 안에서 행복을 만들어가면 된다. 내 주변 사람들만 그런 것 같아도 그런 사람들은 어디에나 있다. 누구의 주변에도 늘 좋은 사람만 있는 것이 아니다. 내가 내 주변 사람들에게 좋은 사람이 되면 좀 더 관계가 수월해질 수도 있다. 그러나 지금 불행하지 않다면 행복한 것이니 내가 행복해지는 공부를 하고 내가 행복해지는 연습을 하자. 우리는 우리 자신을 행복을 위해 관계를 공부해야 한다. 열심히 할 필요는 없다. 지극히 개인적인 문제이니 게으르게 천천히 해도 괜찮다. 내가 행복해지는 일인데 남의 속도 따위는 맞출 필요는 없을 것 같다. 좀 늦더라도 내 마음 다치지 않게 관계를 공부하고 행복해지는 연습을 하자.

　나는 리더십 교육에서 자신감을 얻었고 행복해지는 법도 배웠다. 남

앞에 설 때마다 힘들었는데 이제 자신 있게 남 앞에 서게 되었으니 그것은 말로 표현 안 될 만큼 큰 행복이다. 한 번 용기를 내어 배운 인생 공부가 살아가는 동안 나에게 큰 자신감과 행복을 준 것이다. 자신감과 행복 두 마리 토끼를 다 잡은 좋은 기회였다.

관계에서 얻을 수 있는 행복을 우리도 늘 공부하고 연습하자. 내가 느끼지 못하는 어느 순간 행복은 내 마음속에 와 있을 것이다. 마음이 행복하면 관계도 좋아질 것이다. 관계가 좋아지면 행복해질 것이니 선순환이 계속된다.

05

삶에서 가장
중요한 것은
나 자신이다

"행복과 불행은 같은 지붕 밑에 살고 있으며 성공의 옆방에 실패가 살고 있다."

– 안병욱

나는 이 글을 읽고 하마터면 울 뻔했다. 간절히 성공의 방문을 열고 싶은데 실패의 방문이 열려 있어서이다. 나는 지금 실패한 일이 너무 덩치가 커서 힘든 나날을 보내고 있다.

다시 일어서는 자신감을 찾고 싶어서 여러 가지 방법으로 길을 헤맸다. 성공자들의 자기계발서도 읽고 요즘 유행하는 유튜브 영상도 보며 혼자 조용히 보내는 시간을 견디기 힘들어서 주변을 시끄럽게 했다. 혼자만의 시간이 두려웠다. 오만가지 생각이 꼬리에 꼬리를 물고 나를 괴롭혔다. 남편과 내가 하는 사업이 힘들어져서 주변 지인들에게 돈을 빌려 크게 투자를 한 일이 잘못되어 남편과 내가 많이 곤란해졌다. 시대적인 상황과 변수를 생각하지 못한 우리 잘못이니 우리가 끝까지 책임을 지고 마무리할 것이다. 하지만 지금 당장 우리 때문에 어려워진 지인들에게 오는 피해 때문에 괴롭다.

다시 정신을 차리고 수습을 하고는 있지만 그리 만만치가 않다. 어렵고 힘들 때마다 다시 성공한 우리를 상상하는 것만으로는 위로가 되지 않았다. 그래도 실패의 옆방에 성공이 살고 있다니 참 다행이다. 말은 쉽지만 현실의 벽 앞에 서면 항상 무너진다. 나 자신이 너무 작아지고 초라해진다. 씩씩하게 행동하다가도 다시 무너지고 다시 일어났다가도 쓰러질 때가 한두 번이 아니다. 참 힘든 나날이다. 하지만 포기하지 않을 것이다. 나보다 더 힘들게 살고 있는 사람들도 많고 아프고 병든 사람들도 다들 포기하지 않고 살아가는데 나처럼 건강하고 부족할 것 없는 사람이 그깟 돈 때문에 포기하는 것은 자존심이 상하는 일이다. 이렇게까지 생각하고 나니 길이 열리는 것 같기도 하다.

옆방에 있는 성공이 문을 살짝 열어주는 것 같다. 지금 내가 책을 쓰고 있는 것이다. 길을 찾아 헤매던 길모퉁이에서 우연히 〈한책협〉이라는 곳을 만났다. 『더 세븐 시크릿』, 『내가 100억 부자가 된 7가지 비밀』 등 25년간 300여 권의 책을 집필하고 1,100여 명의 작가를 배출했으며 국내 최초로 '출판 가이드 시스템' 특허를 받은 작가이자 대표님인 김태광님을 만난 것이다. 간절한 나의 끌어당김의 법칙이 〈한책협〉을 끌어당긴 것 같다.

정말 너무 말도 안 되게 책이라는 공통분모 말고는 인연의 끈이 없었다. 그런데 어려운 현실 앞에 무릎 꿇고 울고 있을 때 만난 이 인연은 무엇이란 말인가. 지금 나를 살게 하고 다시 일어설 수 있는 힘을 주는 이 관계의 끈은 무엇인가. 사람의 인생이라는 것이 참 알 수가 없다. 지금 당장 내가 다시 성공한 것은 아니지만 성공으로 가는 길을 알려주신다. 지금까지 살면서 이렇게 열심히 본인 일에 열정적인 사람은 우리 남편

이후로 처음 본다. 우리 남편 별명은 '중간이 없는 남자'다. 무슨 일이든 일단 시작하면 끝장을 보는 사람이다. 그런데 김태광 대표님이 딱 그런 사람이다. 중간이 없다. 무조건 앞만 보고 달린다. 나쁜 생각이 침범하지 못하도록 긍정의 힘으로 열정으로 끌고 가신다. 내가 성공하고 실패하고는 나의 문제지만 시키는 대로만 하면 반드시 성공할 것 같다.

무료하고 힘들게 살아가던 내 인생에 무엇보다 의식 변화로 구체적인 꿈과 목표가 생겼다. 책을 쓴다는 것은 생각해보지도 않은 일이다. 그런데 성공해서 책을 쓰는 것이 아니라 책을 써야 성공한단다. 처음엔 이해되지 않았다. 성공한 나이 지긋한 분들이 본인의 성공 스토리를 책으로 내거나 전문적으로 책을 집필하시는 교수나 박사가 책을 쓰는 줄 알았다. 그런데 이렇게 평범하고 내세울 것 없는 내가 책을 쓴다는 것은 정말 말도 안 된다고 생각했는데 나는 지금 책을 쓰고 있다.

참 신기하고 이상한 일이다. 책을 한 권 쓰는 일에 그칠 수도 있고, 다른 인생이 열릴 수도 있을 것 같다. 나는 이런 관계를 정말 알 수 없는 관계의 끈이라 생각한다. 불교에서는 옷깃만 스쳐도 인연이라 했는데 김태광 대표님과 나는 어떤 인연의 끈으로 맺어져서 이런 인연이 되었을까? 어떤 인연인지 설명할 수는 없지만 나는 지금 실패의 옆방인 성공의 문을 살짝 열어보고 있는 것만은 확실한 것 같다. 나는 나 스스로 이 인연을 끈을 당겼으니 지금 이 글을 읽는 여러분도 혹시 간절히 성공을 원한다면 김태광 대표님을 검색해보기를 추천한다.

자존감이 바닥을 치고 있었다. 그렇게 먹는 일에 진심이던 내가 밥을 안 먹고 물만 겨우 삼키던 어려운 상황이었다. 그러나 나는 새로운 인연으로 다시 힘을 얻어 일어나고 있다.

나는 반드시 다시 일어날 것이고 김태광 대표님을 믿고 따를 것이다. 물론 바로 쭉쭉 따라가기는 힘들다. 나이를 떠나서 처음 하는 일이다 보니 금방 바로바로 따라가는 일은 힘에 좀 부친다. 좀 천천히라도 따라가고 싶다. 그래서 나도 성공의 문을 활짝 열어보고 싶다. 한 번뿐인 내 소중한 인생이다. 내 삶에서 가장 소중한 것은 나 자신이다.

나 자신이 성공하고 원하는 삶을 살아간다는 것은 정말로 큰 축복이다. 나는 원래 운이 좋고 복이 많은 사람이라 내가 원하는 대로 바라는 대로 상상하는 대로 살아갈 수 있다. 지금 이 책을 읽고 있는 여러분들도 삶이 힘들다면 한 번쯤 생각해보면 좋겠다.

책을 한 권 쓴다는 것은 어마어마한 일이다. 왜냐하면 내 친한 지인이 있는데 요즘에 책을 집필했다고 한다. 알아보니 김태광 대표님의 〈한책협〉에서 상담 받고 책을 쓰려다가 혼자 책 쓰기를 했단다. 컴퓨터를 다룰 줄 몰라서 한 자 한 자 글로 적어서 밤마다 썼는데 2년여의 세월이 걸려서 한 권을 겨우 썼단다. 나에게 하소연을 했다.

그냥 〈한책협〉에서 시키는 대로 할 것을 잘못했단다. 본인은 타자를 못 치고 시키는 대로 잘되지 않아 부끄러워서 말을 못 하고 혼자서 글로 적어 그 오랜 세월을 고생했단다. 안타까웠다.

엘리베이터가 있는데 계단을 한 계단 한 계단 밟고 올라간 것이다. 같은 상황이라도 어렵고 힘들게 하는 사람이 있는 반면 나는 쉽고 편하게 올라가는 법을 배운 것 같다. 나는 이 관계를 오래 잘 이어가고 책을 써서 내 자존감도 높이고 남은 나의 삶의 질도 높일 것이다.

　사람들은 관계 속에서 살아가며 힘을 얻기도 하고 상처받아 힘들어하기도 한다. 그러나 늘 긍정 에너지로 힘이 되는 관계도 분명 존재한다. 내게 좋은 관계로 나를 다시 살리는 관계는 성공의 방문을 열어주는 키와 같다. 성공의 방문이 나를 반기며 활짝 열리는 그날을 생생하게 상상하며 오늘도 열심히 나는 책을 쓴다.

　같은 집에 사는 성공과 실패는 내 마음먹기 나름인 것 같다. 한집에 사니, 어찌 보면 가족이다. 사는 것이 숨이 차고 턱까지 차오를 때 나는 어느 방문을 노크해야 할까? 성공도 실패도 한집에 사니 이제는 받아들여야 하는 걸까? 모든 사람들과 좋은 관계를 맺고 행복하게 살아가기 위해서는 나 자신을 알고 나 자신이 제일 소중한 존재인 것을 알아야 한다. 내 삶의 주인은 나 자신이니까!

06

사람과의 관계가
쉽지 않은
너에게

우리는 시절을 기억하는 것이 아니라 순간을 기억한다는 말이 있다. 하루하루가 모여 일 년이 되고 일 년, 이 년이 모여 십 년이 되지만 살아온 모든 날을 기억할 수는 없다. 비슷한 상황이거나 느낌을 받으면 예전의 그 시절이 아니라 순간이 기억나는 것이다.

햇살이 따스했던 어느 봄날의 행복한 기억이나 많은 사람들 앞에서 넘어져서 엄청 창피했던 순간들은 그런 비슷한 상황이 되면 뇌리를 스치며 기억이 나게 된다. 어린 시절 불행했었거나 가난했던 가정사가 어른이 되어 살아가는 세월 동안 트라우마로 남아 순간순간 기억으로 찾아온다.

보통의 시골에서 자라서 집집마다 고만고만한 살림이라 별 어려움 없이 자랐지만 도시에 나와 보니 시골에 있는 우리 집은 도시의 다른 집에 비하면 가난했다. 아버지는 회사에 다니셨지만 월급은 적었고, 어머니는 농사일에 찌들어 허리며 다리며 안 아픈 데가 없었다.

나는 내가 벌어서 집을 도와줘야지 집의 도움을 받는다는 생각은 해보지 않았다. 어쩌다 부산에서 집안 행사가 있어 친척들을 만나면, 부모님의 시커먼 얼굴이나 세련되지 못한 옷차림이 좀 창피하기도 했다. 그러나 비록 세련되지 못해도 언제나 생각하면 힘이 되고 든든하며 늘 그리운 곳이 또 시골집 나의 부모님이기도 하다.

어린 시절의 나는 시골 밤하늘에 펼쳐진 수많은 별을 보며 꿈을 꾸었었다. 상상의 나래를 펴고 혼자 즐거워했던 기억이 난다. 그런 날은 슬픈 날이었다. 아버지가 술을 드시고 오시는 날이기 때문이다. 가난보다는 아버지의 술 때문에 힘들었다. 일단 술을 드시면 데리러 오라고 하신다. 9남매 중에 어리광쟁이 막내로 자란 아버지는 밤길이 무서우셨는지 술만 드시면 본인을 데리러 오라고 하신다. 모시고 오는 내내 하신 말씀 또 하시고 또 하시고 레퍼토리는 항상 똑같다. 본인 자랑으로 시작하여 신세 한탄으로 이어지다가 본인 기대의 반도 못 미치는 자식들에게 화를 내신다. 그러다가 씻고 주무시는데 어느 날은 더 길어지는 날도 많다. 폭력을 쓰거나 욕을 하시지는 않는데 이상하게 힘들다.

아버지는 예의가 인생의 신조인 양 예의 바른 것을 중요하게 생각하셨다. 예의에 대한 강연이 시작되면 엄마와 오빠들은 어느새 핫바지 방귀 새듯이 하나둘 다 빠져서 도망가고 돌아보면 졸고 있는 동생과 나만 남는다.

동생은 멍하니 졸고 있고 나는 대답을 잘하니 나한테만 오랜 시간 열강을 하신다. 귀가 열려서 듣고 말하기 시작할 때부터 들은 내용이니 다음 말을 나에게 하라고 하셔도 할 수 있을 정도다. 술기운으로 강의가 지치실 때쯤 세숫대야에 물을 받아다 드리면 대충 세수하고 그 물에 발을 아주 꼼꼼히 씻으시고는 주무신다. 아버지의 인생도 힘들고 고단하시니 술에 기대서 하루를 마감하신 것이다. 그런데 그때는 그런 줄 몰랐다. 술 먹고 들어와서 계속 같은 말하는 것이 싫기만 했었다. 그래서 아버지가 주무시면 집 앞 언덕길에 앉아서 별을 올려다보며 도시에서 멋지게 살아갈 내 모습을 상상하는 일로 밤이 깊어 가는 줄도 몰랐었다. 나는 술 마시지 않는 사람이랑 결혼해야겠다는 결심도 했었다. 별을 올려다보고 있으면 세상이 너무 아름다웠다.

현실과는 너무 다른 나의 상상 속의 세상이니 뭐든 내 마음대로인 것이다. 어쩌다 친구들과 꿈에 대한 얘기를 하게 되면 나의 꿈을 친구들은 비웃었다. 그렇게 되는 것은 너무 힘들고 이룰 가능성이 작다는 것이다. 그러나 꿈이니깐 꿀 수 있는 거라고 큰소리치고는 쟤들이랑 나랑은 레벨이 다르다고 생각해버리곤 했었다.

혼자 우리 동네 친구들은 나랑은 수준이 안 맞다고 결론 내리고 친구들을 멀리하고 외로워했었다. 친구들이 제일 중요한 사춘기인데도 마음에 맞는 친구가 없다고 생각했지만 그럼에도 늘 친구가 그리웠다. 나도 친구들이랑 같은 생각을 하고 수준이 안 맞지만 맞추려고 노력하면 친구가 많아서 마음이 외롭지 않을 텐데 그러질 못해서 마음속이 늘 바람이 숭숭 지나는 한겨울 들판 같았다.

친구와의 관계를 잘 맺지 못하고 힘들어한 것이다. 가족 다음으로 만난 사회생활인 친구들과의 관계 맺기가 정말 힘들었던 기억의 순간들이 때때로 나를 괴롭혔다. 보통의 친구들은 학교에 들어가서 기역, 니은부터 글을 배운다. 그런데 나는 아버지가 다섯 살 때부터 글을 가르쳐주셔서 손수건 달고 학교에 들어갔을 때는 책도 읽고 일기도 쓰는 수준이었다.

시골에서는 흔치 않은 일이라 처음엔 선생님들도 많이 예뻐해주셨다. 그러니 공부는 식은 죽 먹기였다. 너무 쉬웠고 친구들보다 월등한 내 실력 때문에 자신감은 하늘 높은 줄 몰랐다. 담임 선생님은 정년을 앞둔 할아버지 교감 선생님이셨는데 자꾸 깜빡깜빡하셔서 3교시 마쳤는데 4교시 다했다고 하교시키시고 금요일인데 토요일이라고 2교시 마치면 집에 보내시곤 하셨다. 친구들은 좋아했지만 나는 그런 선생님이 늘 불만이었다.

공부는 내가 제일 쉽고 잘할 수 있는 것이고 친구들 앞에서 잘난 척하는 시간인데 자꾸 공부 그만하고 가서 놀라고 하시니 기가 찼다. 선생님 께서는 손주 같은 어린 우리가 귀여워서 일부러 그랬을 수도 있지만 나는 그런 선생님이 바보 같아서 짜증도 났었다.

이렇게 처음부터 친구들과 레벨이 안 맞으니 친구들과의 관계는 늘 삐걱댔다. 곱하기는 기본인 나인데 이제 '일 더하기 일'을 배우는 아이들은 이미 무시할 수밖에 없는 존재들이었다. 건방이 하늘을 찌를 기세였다.

그러다 보니 친구들이 자연스레 나를 멀리하기 시작했다. 나의 잘못은 안 보이고 그런 나를 멀리하는 친구들이 한심했었다. 그러니 찌푸리고 짜증이 가득한 얼굴로 다녔다. 학교에 들어간 어릴 때부터 사람들과의 관계를 어려워하고 힘들어했던 것이다.

그 이후로도 친구들과의 관계는 내내 어려웠고 오히려 나이가 한두 살 많은 언니나 오빠들이 편했다. 오십이 넘은 지금도 또래 친구들과의 관계는 겁부터 난다. 열 살이든 스무 살이든 나이 차이가 나는 언니들은 편하고 좋은데 친구를 사귀는 것엔 트라우마가 있는 것 같다. 며칠 전에 우연히 지인들과의 식사 자리에서 알게 된 사람이 인상도 좋고 성격도 나랑 잘 맞길래 나이를 물었더니 동갑이란다. 순간 어릴 때 친구들과 좋은 관계로 지내지 못해 힘들었던 기억의 조각들이 하나씩 생각이 나기 시작했다. 아무 상관 없는 처음 본 사람인데도 또래 친구라는 공통점 하나로 그 순간들이 떠오른 것이다. 참 바보 같다는 생각은 들었다.

이렇듯 사람들은 살아가면서 관계에서 힘든 순간이 오면 트라우마처럼 뇌리에 박혀 있던 그 순간이 기억나는 것 같다. 이럴 때마다 힘들어하지 말고 스스로 극복해야 한다고 생각한다. 대부분의 사람들과의 관계는 잘하고 있다고 생각하고 살았는데 어린 시절의 트라우마가 내 안에 꼭꼭 숨어 있었나 보다. 꼭 나의 수준에 맞아야 되는 것도 아닌데 왜 친구들에게 만큼은 그리 너그럽지 못했던지 한심한 생각도 든다.

어린 시절에 내가 기억, 니은도 학교에서 친구들이랑 같이 연필로 꽉꽉 눌러 쓰며 배우고 '1+1=2'은 이를 서로 손가락 구부려가며 배웠더라면 좀 더 관계가 좋았을까? 밤하늘의 별을 올려다보며 꾸던 꿈이 그냥 평범하고 현실적이었다면 친구들과 대화의 수준도 맞고 덜 힘들었을까? 요즘 책을 쓰며 다시 떠올린 내 어린 시절 친구들과의 관계 맺기는 참으로 힘들고 외로웠던 순간의 기억으로 다가온다. 엄마나 오빠들처럼 눈치껏 빠져서 아버지가 실망하시든 말든 듣기 싫은 소리는 안 듣고 잠이나 잤다면 나는 다른 친구들과 꿈을 얘기하지 않고 아버지 '뒷담화'를 하며 친하게 지낼 수 있지도 않았을까?

다 지나간 어린 날이지만 나 자신을 원망하기는 싫다. 물론 친구들과 다른 나 자신 때문에 오랜 시간 외로워하고 힘들어했어도 그런 시간들이 모여서 지금의 내가 있는 것이니까. 어쩌면 그렇게 힘들어했기 때문에 어른이 되어서는 좀 더 겸손해지고 좋은 관계를 맺기 위해 부단히 노력하지 않았나 싶기도 하다. 엄마 배를 박차고 나온 그 순간부터 우리는 다른 사람들과의 관계가 시작되는 것이니 어려운 것이 어쩌면 당연한 것이다. 어렵다고만 생각하지 말고 백인백색, 사람은 다 다르니깐 다름을 인정하고 좀 더 슬기롭게 헤쳐 나가보자.

사람과의 관계가 쉽지 않은 우리들에겐 쉽게 풀어나갈 수 있는 지혜가

필요하다. 지혜는 하루아침에 생기는 것이 아니다. 경험하고 배우고 생

각하고 또 노력해야 할 것이다. 그리하여  보다 자연스럽고 따뜻하며 서

로에게 힘이 되는 관계를 맺고 살아갈 수만 있다면 정말 행복할 것 같다.

07

상처받은
우리에게
현실적인 위로

스페인 속담에 "좋은 사람들과 교제하라, 그러면 당신도 그들 중 한 명이 될 것이다."라는 말이 있다. 주변에 있는 사람이 중요하다는 말일 것이다. 우리말에도 "유유상종"이란 말이 있는데 같은 맥락이다. 주변에도 보면 까다로운 사람 옆에는 따지고 까다로운 사람들이 있고, 성격이 수월한 사람들 옆에 있는 사람들은 대체로 수월한 편이다. 좋은 게 좋다고 넘어가고 서로를 배려해준다. 우리 주변에도 그런 편한 사람들만 있다면 세상을 살아가기가 얼마나 수월할까? 그런데 그렇지 않으니 먼저 살아본 인생 선배님들이 저런 속담을 만들어서 가르침을 주시지 않았나 싶다.

세계적인 금융 위기인 리먼 사태가 우리나라에도 영향을 끼쳐 나라 전후 사정이 엄청 어렵고 집값이 폭락하고 주가가 폭등하고 난리였던 시기에 나는 포부도 당당하게 대형 삼겹살 전문점을 차렸었다. 대부분의 지나간 일은 잘 기억하지 못하는 나이지만 2008년은 도저히 잊을 수가 없다.

그 어려운 시기에 집과 차를 판 전 재산과 그동안의 빌려줬던 돈을 받는다는 계산까지 하고 우리 시에서는 제일 번화가인 대형마트 옆에 있는 신축 건물에 떡하니 식당을 오픈했다. 계약하고 나서 빌려준 돈을 못 받는다는 사실을 깨닫고 주변 사람들과 친구들에게 부탁해서 자금을 마련했다. 그렇지 않으면 지금까지 준비한 모든 것을 날릴 판이었다. 많은 돈을 들여 우여곡절 끝에 식당은 크게 차렸는데 처음 해보는 일이니 주방과 홀에서 일하실 이모님들을 구하는 일이 어려웠다. 물론 내가 직접 고기도 자르고 된장찌개 베이스도 만들고 거의 다 하지만 영업시간에 주방을 책임지고 해주실 이모님이 필요했다.

처음에 구한 이모님은 고기와 반찬을 자꾸 가방에 넣어 가셨다. 참 난감했다. 주인인 내가 봤는데도 당장 이모가 그만두면 일하실 분이 없으니 좀 더 지켜보기로 하고 눈을 감고 넘어갔다. 그런데 바늘 도둑이 소도둑 된다고 아예 대놓고 봉지에 담아서 퇴근 전에 담벼락 너머에 던져놨다가 퇴근하시며 들고 가시는 것이었다. 믿고 주방을 맡겼는데 고양이한테 생선가게를 맡긴 격이었다. 할 수 없이 그만두시게 하고 나의 하나뿐인 여동생에게 부탁하였다. 나의 여동생은 한 번도 식당 일을 해본 적도 없고 특히 나랑은 정반대라 음식에 관심도 없는 사람이었다. 담아내기만 할 수 있도록 내가 준비를 다 해놓고 일을 시켰더니 제법 일을 했다. 처음엔 힘들어하더니 차츰 익숙해져서 시키는 대로 잘했다. 여동생이 우리 식당에서 일하니 여동생의 남편인 제부가 가끔 고기를 먹으러 조카들을 데리고 왔다.

처음 몇 번은 처형이 하는 식당이고 와이프가 주방에 있으니 돈을 내지 않고 좋은 부위 말고 상품이 안 되는 부위를 구워서 먹고 가곤 했다. 고기를 자르고 나면 양쪽 끝으로 손님에게 팔기는 좀 상품성이 떨어지는 부위가 남는다. 질이 나쁜 것이 아니기 때문에 우리 가족이나 직원들도 식사 시간에 늘 구워 먹는 고기였다.

그런데 어느 날인가 돈을 낼 테니 좋은 부위로 달라는 것이다. 동생 월급을 내가 주고 있고, 가정 사정을 언니인 내가 제일 잘 아는데 그 비싼 고기를 사 먹는다고 하니 화가 나서 그냥 내가 주는 것 먹고 가라고 했다. 그랬더니 단단히 삐졌는지 자존심이 상했는지 식당 일을 그만두고 두 번 다시 오지 않겠다는 것이다. 그러고는 앞치마를 벗고 나가버렸다. 곧 손님이 몰려올 저녁 시간인데 큰일이다 싶어 뒤따라 나가서 달랬다.

동생 부부는 화가 많이 났다. 나는 제대로 영문도 모른 채 사정을 했다. 착하지만 우직하고 고집이 센 동생은 내 말은 듣지 않았고 가버렸다. 어려운 시기에 모든 것을 걸고 연 식당이었다. 걱정과 불안을 비웃기라도 하듯이 장사는 너무 잘 되어 알바생들이 힘들다고 울면서 퇴근을 하는 날이 허다했을 정도로 바빴다. 그런데 주방에서 일하는 동생이 가버렸으니 낭패였다. 할 수 없이 당시 중학교 1학년이던 아들을 택시 타고 나오라 해서 설거지를 시키고 내가 주방과 홀을 왔다 갔다 하며 고군분투했다. 아들은 땀범벅으로 설거지를 하며 투덜댔고 나는 속으로 욕을 해가며 일을 마무리했었다.

다음 날 나는 가버린 동생이 너무 괘씸하여 집에 찾아갔다. 동생은 울면서 나에게 하소연을 했다. 언니가 너무 밉고 자존심이 상한단다. 나는 도대체 무엇 때문인지 물었다. 일이 힘들거나 다른 거는 다 참을 수 있는데 언니가 자기 남편을 무시하는 것 같은 말에 욱했단다.

언니는 평소에도 자기 남편을 그렇게 대하는데 화가 난단다. 거지도 아니고 얻어먹는 거 싫단다. 평소에는 묻는 말에 대답만 하는 아인데 입에 따발총을 장착했다. 그동안 나에게 쌓여 있던 불만이 작은 말이 불씨가 되어 터진 것이다. 나는 어이가 없었다. 어릴 때부터 쌍둥이처럼 크고 나의 하나뿐인 동생이라 유별나게 동생을 챙긴 면은 좀 있었다. 그런 동생을 고생시키는 제부가 사실 좀 싫긴 했었다. 제부 말을 잘 듣고 시키는 대로 하는 동생이 바보 같아서 짜증도 내고 제부 욕도 동생 앞에서 많이 하긴 했었다.

그런데 나는 순전히 동생을 생각해서 한 행동이었다. 오로지 내 동생편에서만 생각한 점이 있긴 하지만 그건 언니로서 나의 걱정이자 의무라고 생각했다. 그런데 동생은 자기 남편 욕하는 소리가 듣기 싫었던 것이다. 자기 남편이 자존심 상할까 봐 눈치를 본 것이다. 바보 같은 언니는 그것도 모르고 동생을 위한답시고 잔소리를 해대니 화가 났던 것이다. 그동안 언니 때문에 중간에서 마음고생도 하고 상처도 많이 받았단다. 처음에는 어이가 없었는데 끝까지 듣고 보니 언니인 내가 참 너무했다 싶었다. 그래도 나는 늘 동생을 위하는 마음은 진심이었고 말은 그렇게 해도 행복하게 살기를 바랐다. 여동생과 나는 세상에 둘뿐인 자매지간인데 둘은 서로 다른 방식으로 표현하며 서로에게 상처를 주고 상처를 받으며 살고 있었던 것이다. 가만히 들어보니 한 가정의 아내이자 엄마이고 어른인 동생을 나는 아직 어리고 예쁜 내 동생으로만 생각했던 것이다. 나의 착각이었다. 나와 동생은 진심을 얘기하고 서로 울었다. 한참 울고 나서 식당에 가자고 했더니 동생도 어이가 없는지 웃는다. 나는 제부에게는 따로 사과하고 다시는 그러지 않도록 노력하겠다고 하며 서로 웃으며 식당으로 출근했다.

그 일이 있은 후로는 제부에게 말도 조심하고 가끔 멋쩍게 웃으며 식당에 들어오면 나도 웃어보려고 노력했었다. 동생에게는 돈으로 보상하면 또 자존심 운운할까 싶어서 조카들 입학 선물과 두둑한 용돈으로 대신 마음의 보상을 했다.

식당을 그만두는 순간까지 함께했지만 동생과는 늘 토닥토닥 싸우며 서로 의지하며 잘 지내려고 노력했었다. 지금은 멀리 다른 도시에 살고 있어서 자주 보진 못하지만 그때만 생각하면 참 고마운 마음이 많이 든다. 이렇게 오랜 세월 함께한 자매지간에도 서로 상처 입히는 일은 늘 있고, 이런 가정은 우리 자매뿐 아니라 허다할 것이다. 특히 가족 간에는 지금 하는 말이 상처가 될 거라는 생각 자체를 안 하고 그냥 내뱉는다. 그리고 쌓인 상처를 위로해주기는커녕 도리어 비아냥거리고 놀린다. 너무 편하니깐 가족이니깐 다 이해해주겠지 하고 대수롭지 않게 넘기다 보면 결국을 크게 한번 폭발하는 것이다. 내 동생처럼.

아무리 가족이라도 다 이해해줄 것이라 생각하면 오산이다. 오히려 가족이라 더 상처를 쉽게 받고 더 힘들어한다. 언니인 내가 자기를 위해서 한 말이라는 건 아는데 화가 나고 자존심이 상하는 건 기본적으로 우리는 가족에게는 칭찬받고 위로받고 싶은 마음이 크기 때문이다. 그런데 돌아오는 말은 그렇지 못하다. 그걸 깨닫는 데도 오랜 시간이 걸리고, 나처럼 어떤 계기가 있어야지만 되는 것이다. 밖에서 받은 스트레스를 만만한 가족에게 풀려고 하다 보니 말이나 행동에 짜증이 묻어나고 그런 걸 느끼는 가족들은 눈치를 보며 집안 분위기가 냉랭해진다. 가족에게서 위로 받고 싶은 마음은 누구에게나 마찬가지일 것이다. 죽을 때까지 공동 운명체로 살아가야 하는 사람들이 바로 가족이다.

다른 그 누구에게서도 받을 수 없는 사랑과 위로를 받을 수 있고 세상 누구와도 바꿀 수 없는 내 편이 가족 아니던가. 나와 가족으로 이어진 인연이라면 불교에서 말하는 몇 억겁의 세월이 모여 가족으로 만났을 것이다. 다른 건 몰라도 살아가면서 적어도 가족에게는 상처주지 말자. 상처받지도 말자.

진심을 알아주고 칭찬의 말과 응원을 보내보자. 따뜻한 마음과 더 넓고 깊은 사랑의 마음으로 대하자. 상처받고 들어와도 편안히 쉬고 다친 마음을 달랠 수 있도록 위로해주자. 언제든 달려가면 위로받을 수 있는 가족의 일원이 되어보자. 기쁜 일이 있을 때나 슬픈 일이 생겨도 무슨 하소연이라도 쉽게 풀어놓을 수 있는 편안한 가족이 되어보자. 나의 가장 현실적인 위로는 그냥 '나의 가족'이라 자신 있게 말할 수 있도록 사랑하며 살아가자.

당장 오늘부터!

# 3장

말투만
바꿔도

―

관계가 달라진다

# 말로 상처받고,
# 말로 상처주고

나에게는 어떤 말이 제일 상처가 되었는가? 조용히 앉아서 생각을 해 봤다. 마음의 상처는 잘 안 받는 편인데 아무래도 외모를 지적하면 잠시 상처가 되었던 것 같다. 외모에 대한 콤플렉스는 없는데 아무래도 요즘은 동안이 대세라서 그런지 동안이 아니면 신경이 쓰이는 부분이 있다. 나는 동안과는 거리가 머니 외모에 대한 지적이 상처가 되었나?

친구처럼 친한 한 살 위의 동네 언니가 있다. 알게 되면서부터 친하게 지냈다. 사람들이 쌍둥이 같다고도 하고 닮아서 헷갈린다는 말도 많이 들었다. 우리 남편은 둘이 복부인 같다고 놀리기도 했다. 몇 년 동안 친하게 지내다 보니 추억도 많았다. 우리 둘을 닮게 보는 이유가 둘 다 성격이 밝고 노는 것을 좋아해서 어딜 가나 분위기 메이커 역할을 하기 때문이다. 잘 먹고 잘 노니 덩치도 좋아져서 둘이 헷갈릴 만했다. 그런데 어느 순간부터 그 언니가 나를 멀리하는 것이 느껴졌다. 이유는 딱히 몰랐지만 나도 신경 쓰지 않았다. 서로가 원래도 만나면 잘 어울리지만 각자의 일이 다르고 바쁘기 때문이었다. 시간이 흐르고 어느 날 알게 된 사실인데 언니가 나 때문에 상처받고 나한테 완전 삐져 있었다.

무슨 일인지 물어봤더니 내가 언니한테 항상 부르던 애칭이 있는데 그 말이 화근이었다. '뚱띠!' 경상도에서는 몸이 좀 실하고 건강한 사람을 보통 귀엽게 표현한 것이 '뚱띠'다. 뚱띠 아줌마, 뚱띠 할매… 등등. 나는 친하니깐 좋아서 나름 귀엽게 표현한 것인데 실제로 약간 통통한 언니는 그 말이 상처가 되었나 보다. 그것도 모르고 나는 남들 앞에서도 거리낄 것 없이 늘 뚱띠라 불렀다. 어떤 이들은 우리 둘 다 '너거 뚱띠 둘이'라고 부르는 사람도 있었다. 나는 전혀 개의치 않았는데 언니는 그 말이 그렇게 싫고 상처가 됐단다. 많이 미안했다. 사과하고 다시 예전처럼 잘 지내는 데는 짧지 않은 시간이 걸렸다. 이후로는 언니가 있는 자리는 말을 좀 조심하게 된다.

칼에 베인 상처는 금방 아물지만 말에 베인 상처는 아무는 데 시간이 오래 걸린다고 한다. 말이 얼마나 중요한지는 말로 설명을 안 해도 알고 있는 사실이다. 말의 힘은 그 어떤 총칼보다 강력하고 말의 여운은 그 어떤 초콜릿보다 달콤하다. 말은 사람들과의 관계에서는 떼려야 뗄 수가 없는 요소이다. 너무 중요하다. 말로 받은 상처는 아무리 작아도 잘 낫지 않고 회복이 더디다. 상처가 되는 말은 참을 수 있어야 한다. 늘 말을 조심해야 하고 할까 말까 망설여지는 말은 침묵으로 대신하는 것이 낫다. 그러나 말처럼 좋은 소통 수단도 없다. 칭찬하는 좋은 말은 관계를 부드럽게 해주고 오해하고 나빴던 관계도 배려의 말 한마디로 봄 눈 녹듯 녹을 수도 있다.

남편과는 많은 날을 싸우고 살았지만 기억에 남는 몇 번의 싸움이 있다. 새로 시작한 일 때문에 스트레스가 극에 달해 있을 시점인데 평소에는 예사로 듣고 넘겼을 사소한 한마디였지만 그날은 폭발해서 대형 싸움이 됐었다. 지금은 기억도 안 나는 말 한마디가 우리 가정의 평화를 깨고 아이들을 불안에 떨게 하고 우리 부부의 사랑을 의심하게까지 했다. 남편은 내가 자기를 무시한다고 했고 나는 내 말을 들어주지 않는다고 했다.

대단하게 싸워서 두 번 다시는 안 볼 사람들이라고 생각할 정도였는데 처음 발단이 된 말은 기억이 안 나고 싸우면서 말로 상처받은 기억만 난다. 욕 한마디 할 줄 모르던 내 입에서 욕이 자동으로 나왔다. 욕을 했다는 사실만으로도 충격적이어서 더 기억이 생생하다. 몇 시간 동안 서로 상처 내기의 달인이 되겠다는 일념으로 사는 사람들인 것처럼 싸우다가 너무 아파서 울었다. 실컷 울고 나니 화가 좀 가라앉고 정신을 차리고 보니 서로 상처뿐인 패잔병이 되어 있었다. 참 어리석고 바보 같은 한심한 우리 부부가 덩그러니 상처를 가득 안고 있었다.

남편이 먼저 사과를 해서 서로 화해를 하긴 했지만 상처는 고스란히 서로의 가슴에 아픔으로 남았다. 평소에 남편이 나를 그렇게 생각하고 있었나 싶고 사랑하는 마음보다는 미운 마음이 더 커졌다. 내가 아무리 열심히 살고 잘해도 저 사람은 나를 그렇게 생각하지 않는구나 싶은 생각이 드니 마음이 허하고 서러워졌다. 불안해하고 눈치를 보는 아이들이 안타깝고 가여워서 마음을 진정시키고 감정을 억누르며 시간을 보냈다. 얼마쯤 지난 후 남편에게 내 솔직한 마음을 이야기했다. 계속 남편의 마음을 의심하고 화를 내며 사는 일은 할 짓이 못되었다. 생각보다 힘든 일이었다. 그래서 남편을 앉혀놓고 '나 며칠 전 당신 말이 상처 되어 아프다'고 고백했다. 남편은 화가 나서 생각 없이 한 말인데 진심은 아니라고 미안하다며 다친 마음을 달래주었다. 말하기를 잘했다 싶었다.

부부 싸움은 칼로 물 베기라 하지만 말로 주는 상처는 마음에 남아서 사과의 약을 발라주어야 아문다. 오해가 풀려도 상처가 아무는 시간은 좀 걸렸다. 물론 나도 남편에게 준 상처에 대해 사과하고 화해는 했지만 마음은 편치 않았다.

아무리 부부고 가족이라 해도 할 말 안 할 말 가려서 해야지 가족이라고 부부라고 함부로 말하게 되면 가까운 사이일수록 더 상처가 크게 남는다. 세상으로부터 받은 상처를 가정에 돌아와서 위로받고, 가족으로부터 받는 사랑이 약이 되어야 하는데 그런 가족이 오히려 더 상처를 주는 대상이라면 우리는 어디에서 치료를 받아야 할까. 가족은 늘 따뜻한 안식처가 되어주고 든든한 버팀목이 되어주어야 한다. 서로에게 생각만 해도 힘이 되는 존재가 되어주어야 한다. 가족끼리는 더 이상 말로 상처주고, 말로 상처받는 일은 없어야 한다.

우리가 살면서 관계를 맺고 사는 어떤 사이라도 다 좋게 잘 지낼 수는 없다. 그러나 노력하면 좋아지는 관계는 분명히 있다. 부모와 자식 관계, 친구와의 관계나 연인 간의 관계도 마찬가지다. 부모와 자식 간의 관계는 서로 바라는 기대치를 낮추면 훨씬 좋아질 수 있다. 부모는 자식에게 본인들보다 더 나은 삶을 살기를 바라는 마음에 기대치가 높다. 부모의 기대에 못 미치는 자식은 자존감이 떨어져서 더 기대에서 벗어나게 된다. 요즘같이 취직하기 어렵고, 먹고 살기 힘든 시기에는 자식들의 마음은 더 불편하다. 세상에 어떤 자식이 부모에게 자랑스러운 자식이 되어 효도하고 싶지 않겠는가. 그러나 시대가 또 그렇지 않으니 사는 것이 만만치 않다. 부모와 자식 간에는 서로에 대한 기대치는 낮추고 현재에 감사하면 관계는 더 좋아질 것이고 서로 의지도 될 것이다. 서로에게 힘이 되는 따뜻한 말로 좋은 관계의 가족으로 살자.

  연인이나 친구와의 관계도 마찬가지다. 서로가 잘 되기를 바라고 서로를 위하는 마음은 다 똑같다. 서로가 있어 힘이 되고 위로가 되고 든든해지는 좋은 사이로 잘 지내려면 아프게 하는 말이나 미운 말을 하지 말고 기운 나는 말, 힘이 나는 말을 해야 한다. 같은 말이라도 아 다르고 어 다르다는 말이 있다. 친하다고 편하게 생각하여 쉽게 상처 되는 말을 하면 안 된다. 친할수록 예쁘게 말하고 용기 나는 말을 해야 한다. 오해의 말로 헤어지는 친구나 연인들이 많다. 감정대로 다 표현하지 말고 한 번 더 생각해본 다음에 약간 정화된 말을 하면 사이가 나빠지거나 안 좋은 경우가 생기지는 않을 것이다. 말이라는 것이 이상하게도 감정이 묻어나서 상대방이 다 느낄 수가 있다는 문제점이 있다. 조심한다고 해도 상대방이 오해할 수도 있고 마음이 드러나니 마음 상태를 쉽게 들키기도 한다.

  누구라도 나와 관계가 있는 사람이라면 상처주는 말을 하면 안 되고 상처받지도 않아야 한다. 건강한 마음 근육을 키워서 어떤 말에도 상처받지 않는 관계를 만들어가야 한다. 말은 사람을 죽이기도 하고 살리기도 한다. 말로 받은 상처는 말로 치료가 될 수도 있다. 서로 말로 상처주지 않고 말로 상처받지 않는 건강한 관계를 이어가자. 진정 행복해지는 위로의 말을 하자. 우리 서로의 말 한마디가 살아가는 힘이 될 수 있도록.

02

관계를
죽이고
살리는 말투

입담은 하루아침에 안 되지만 말투는 당장 바꿀 수 있다. 입담은 약간 타고 나야 되는 것 같다. 말 잘하는 사람들을 보면 책을 많이 읽고 노력하는 사람도 있지만 그렇지 않은 사람도 있다. 주변에도 보면 입담이 좋아서 인기가 많은 사람이 있는데 그런 사람들이 부러울 때가 많다. 말을 잘하는 사람은 아는 것도 많은 것 같고 사람들과의 관계도 좋은 것 같다. 입담이 좋아 말을 잘하니 주변에 사람들도 많다. 인복도 많아 보인다. 그런 사람은 말투도 투박하지 않고 부드럽고 자연스럽다. 그러다 보니 사람들과도 잘 지내고 갈등이 있거나 다툼이 일어나는 일도 없다. 사람들과의 관계가 좋으니 상처를 받거나 관계에서 오는 스트레스도 없을 것이다. 입담이 좋은 사람으로 태어나지 못한 사람이라면 말투라도 바꿔서 노력을 해야 한다. 말투에 따라 좋은 인상을 남길 수도 있고, 나쁜 인상을 남길 수도 있다. 영업이나 서비스업종의 일을 하는 사람이라면 더더욱 말투가 중요하다. 친절하고 다정한 말투에는 상대방의 마음을 여는 열쇠 같은 힘이 있다. 퉁명하게 툭툭 내뱉는 말투라면 누구라도 좋아하지 않을 것이다. 말투는 노력하면 당장이라도 바꿀 수 있다. 마음의 문제다.

이왕이면 다정한 말투를 가진 사람에게 더 끌리는 것이 인지상정이다. 예전에 결혼 전에 잠깐 다닌 회사에 서울에서 어린 시절을 보내고 온 동료가 있었다. 외모는 별론데 말투가 어찌나 예쁜지 인기가 많았다. 그 부드럽고 세련된 서울 말투 때문에 외모가 보이지 않았다. 투박한 경상도 사투리 속에서 빛나던 서울말이라니⋯ 누구도 범접할 수 없었다. 그런데다 더 시골 섬마을에서 올라온 나는 입을 뗄 수가 없었다. 20대 초반이라 미팅도 많이 하고 요즘 말하는 헌팅도 자주 하던 시절인데 어쩌다 미팅이나 헌팅을 하게 되어도 남자애들은 다 그 서울말 쓰는 친구에게 관심을 보였다. 남자들은 여자 얼굴만 본다더니 다 그런 것은 아니었다. 경상도와 부산 안에서 빛나던 부드러운 서울 말투는 예쁜 여자 못난 여자를 초월했다. 지금도 기억나는 그 얼굴은 굳이 잘나고 못난 것을 따진다면 좀 못난 편에 속한다. 그래도 직장에서 다른 동료 남자들이나 바깥에서 만나는 남자들에게 인기가 많았다. 질투한 것은 아닌데 좀 부러운 것은 사실이었다. 말투가 예쁘니 대화가 잘 되는지 남자들과의 관계는 좋았지만 경상도 여자들의 따가운 눈총은 감당해야 했다.

나는 친구이기도 하고 동료이기도 해서 친하게 지내다 보니 늘 비교 대상이었다. 직장 상사들이나 남자들이 나와 늘 말투를 비교하며 놀렸다. 다행히 나는 멘탈이 강한 편이라 크게 상처받지는 않았지만 가끔 기분이 안 좋을 때는 있었다. 그래서 말투를 바꿔보려고 노력도 많이 했었다. 그런데 그게 쉬운 일은 아니었다. 말투가 예쁘니 얼굴도 예뻐 보이는 그 이상한 현상 때문에 옆에 있던 나만 더 촌스러워 보여 손해를 봤다. 이놈의 시골 말투 때문에 자존심에 스크래치가 났다.

말투는 너무 중요한 관계의 기술인 것 같다. 편안한 관계를 만들 수 있는 편안한 말투를 가졌다면 뭐 걱정할 것이 있겠는가. 좋은 인상을 줄 수 있는 부드럽고 다정한 말투를 가졌다면 사람들과의 관계는 흐르는 물처럼 자연스럽게 이어지지 않을까. 마음이 다 표현이 안 되는 투박한 말투는 관계를 죽이기도 하고 자칫하면 오해를 불러일으키기도 한다. 다 죽어가는 관계도 살릴 수 있는 것 또한 이 말투이다. 아무리 마음은 그렇지 않다고 해도 말투에서 느껴지는 기분 나쁨은 어쩔 수가 없다.

그런데 당장 고칠 수 있을 것만 같던 나의 사투리 말투는 지금도 다 고쳐진 것은 아니다. 사람이 쓰는 말은 그 사람의 인격을 말해준다. 시장통에서 거칠게 욕하고 심한 말을 쓰는 사람은 늘 싸울 일이 생긴다. 목소리가 크고 작고의 문제가 아니라 쓰는 언어와 말투의 차이다. 말투에는 성격이 고스란히 묻어 나온다. 조용조용한 말투로 말하는 사람은 성격도 대체적으로 조용하다. 내 기억 속에 조용한 말투를 가진 사람은 중학교 사회 선생님은 하면 안 된다. 중학교 사회 선생님처럼 우리를 깊은 숙면을 들게 하는 사람도 드물었다. 점심시간 이후 오후 시간대에 수업을 하는 별로 중요한 과목이 아닌 사회시간은 고역이었다. 그 부드럽고 조용하고 일정한 말투가 아직도 들리는 듯하다.

반대로 시끄럽고 빠른 말투를 가진 사람은 오해를 많이 받는다. 다른 사람이 말을 하고 있는 순간에도 성격이 급하니 자기 말을 한다. 자기는 상대방의 말을 들었는데 상대방은 자기 말은 안 듣고 본인 말만 하는 것 같아 기분이 안 좋다. 성격이 급한 사람이 말이 빠르고 말투도 부드럽지 못하다. 너무 급해서 말을 더듬는 사람도 많다. 어느 것이 맞다 틀리다 단정 지을 수는 없다. 다 타고난 저마다의 개성이고 천성인 것을. 노력해서 고쳐질 수는 있지만 여간한 노력으로는 어렵다. 나와 맞는 사람과는 잘 지낼 수 있지만 맞지 않더라도 그런 면을 이해하고 배려하면 또 잘 지낼 수도 있다.

세상의 아버지들이 다 딸 바보가 된다지만 우리 남편 같은 딸 바보는 없을 것이다. 너무 예뻐하고 사랑해서 집에 오면 방바닥에 내려놓지를 않았다. 딸만 쳐다보면 그냥 바보가 되었다. 아이가 백일이 지나면서부터는 거대해져서 돌 무렵에는 다른 아이들보다 월등한 발육을 보였다. 두 살이 많은 오빠와 몸무게는 비슷했다. 그래도 어딜 가나 팔이 부러질지라도 딸을 안고 다녔던 아빠다. 그렇게 사랑해주는 아빠를 딸도 잘 따랐고 사춘기가 되기 전까지는 두 사람의 관계를 누구도 의심하지 않았다. 문제는 사춘기에 접어들면서 터졌다. 아빠의 과한 애정 표현에 기겁하며 도망갔고 짜증이 이만저만이 아니었다. 매일 전쟁이었다. 그렇게 변한 딸을 아빠는 놓아주지를 못했고 사춘기인 자기를 아직도 아이처럼 대하는 아빠를 이해하지 못했다. 손이 닿기는커녕 스쳐 지나가는 것도 기겁했다.

깊은 배신감으로 상처를 입은 아빠는 포기하지 않았고 둘의 관계는 점점 나빠지기 시작했다. 집안 분위기는 두 사람의 관계 때문에 시베리아 벌판 한복판 같았다. 처음에는 그렇게 심하지 않았는데 아빠 마음 몰라준다고 투덜대는 아빠에게 한 마디씩 던지는 딸의 말에 아빠가 상처를 많이 받았다. 사춘기 아이이니 말투가 예쁠 리가 없다. 안 그래도 이유 없이 짜증 나는데 아빠의 집착이 더 짜증이 나는 것이다. '왜? 뭐?' 대부분의 대화에 이런 말뿐이다. 살얼음판 같은 분위기가 계속되면 엄마인 내가 중재를 한다 해도 잘 되진 않지만 한동안은 서로 좀 참는 것 같다. 아빠가 화나는 것은 딸의 그 말투 때문이다. 사춘기라 이해해보려 해도 그 말투가 정말 화가 난단다. 사랑하고 예뻐한 만큼 깊은 상처를 받고 한동안 힘들어했다. 사춘기는 생각보다 길었고 후유증은 딸이 20대 중반이 된 지금까지 이어지고 있다.

  그렇게 사랑한 딸이라도 말투가 미우니 화가 나서 관계가 멀어진다. 어른이 된 딸은 더 이상 미운 말투를 쓰지 않는데도 두 사람의 관계는 예전 같지 않다. 두 사람의 관계를 살리려면 사춘기 시간의 두 배 정도는 공을 들여야 할 것 같다. 말투는 사람과의 관계를 죽이기도 하고 살리기도 하는 촉매제이다. 좋은 관계를 이어가고 싶은 사람들에게는 말투부터 좋게 바꿔야 한다. 호감 가는 말투로 바꾸면 편하게 또 만나고 싶은 사람이 될 수도 있다. 말투를 바꾸는 기술이 생긴다면 사람들과의 관계도 어렵지 않을 것이다. 누구와의 관계도 살릴 수 있는 긍정적이고 부드러운 말투를 연습해보자. 관계가 살아나면 더 많은 기회가 생길 수도 있고 더 많은 행복이 내 옆에 와 있을 수도 있다. 내 소중한 인연들과 더 빛나는 삶을 살고 싶다면 당장 말투부터 세련되고 멋지게 바꿔보자. 우리들의 관계에서 제일 중요한 것은 말투보다 말투에서 묻어나는 진심이다. 진심이 묻어나는 말을 알아보는 혜안이 필요하다. 강력한 말의 힘으로 관계를 살리고 아름다운 세상을 만들자.

03

내 편으로
만드는 칭찬과
존중의 말

칭찬은 고래도 춤추게 한다는 말은 만고불변의 진리처럼 우리 일상생
활 속에서 늘 함께한다. 그만큼 칭찬이 중요한 시대이다. 요즘 아이들은
칭찬과 격려 속에서 자라서 그런지 자존감도 높고 의지도 강한 것 같다.
외동이나 둘이서 자라다 보니 혼자 하는 놀이나 게임도 자연스럽고 혼자
서 해야 하는 일이나 혼자 있어야 하는 상황에서도 외로워한다거나 그러
지도 않는 것 같다. 아이 한 명을 온 동네 사람들이 키운다는 말은 옛말
이 된 지 오래다. 독박 육아 또는 황혼 육아로 대부분 집에서 엄마나 할

머니가 혼자서 책이나 SNS를 보며 아이들을 키우다 보니 힘들고 지쳐서 고통을 토로하는 일이 많다. 아이들도 어린이집이나 유치원에 가야 친구들을 만나고 놀 수 있으니 걸음마만 떼면 보통 어린이집에 다닌다.

아이들을 키울 때는 그렇게 매일 힘들었다. 눈을 뗄 수 없으니 하루 종일 아이들을 따라 다녀야 했다. 엄마가 먼저 지치니 잔소리와 하지 말라는 소리만 나오지 칭찬의 말은 진짜 하기 힘들었다. 우리 집 앞에 놀이터가 있는데 아이들 소리 듣기가 힘들다. 어쩌다 날이 좀 좋으면 뛰어놀면서 고함지르는 소리가 어찌나 귀여운지 아이들 목소리가 들리면 창가에 나가서 쳐다보게 된다. 저렇게 귀여운 아이들을 나는 귀여운 줄도 모르고 힘들어하며 키웠다고 생각하면 내가 너무 한심하단 생각마저 든다.

아이들에게 부모의 칭찬과 격려는 그 무엇과도 바꿀 수 없는 자양분이다. 만약 다시 아이를 키울 일이 생긴다면 나는 정말 많은 칭찬으로 키울 자신이 있다. 아이뿐만 아니라 어른들에게도 칭찬은 누구에게서라도 듣고 싶은 말이다. 나를 인정해주고 격려해주는 말이니 당연히 좋을 수밖에 없다.

얼마 전 친구들과의 연말 모임이 있었다. 오랜만에 만나서 맛있는 식사와 함께 밤까지 놀고 다음 날 아침에 돌아가는 일정이었다. 낮부터 만나서 놀다 보니 밤에 고스톱 말고는 딱히 하고 놀 놀이가 없어서 서로를 칭찬해주기 놀이를 했다. 한 해를 열심히 살았으니 칭찬으로 마무리 하자는 의미였다. 모두 5명이었는데 돌아가면서 한 명에게 네 명이 칭찬을 하는 것이다. 나이도 성격도 사는 곳도 다 다르지만 같은 취미로 모인 친구들이라 은근히 기대된 건 사실이다. 내가 회장이라 나부터 칭찬을 준비를 했다. 서로 손들고 칭찬 릴레이를 시작하는데 마지막 친구가 말할 때쯤엔 눈물이 났다. 살면서 지금까지 그렇게 찐으로 나를 칭찬해주는 말을 들어본 적이 없는 것 같다. 각자가 다르게 나를 느끼고 있었다. 한 사람 한 사람 말할 때마다 정말 마음속 깊은 곳에서부터 힐링이 되고 위로가 되었다. 앞으로 더 잘 살아야겠다는 다짐도 생기고 그리고 그런 칭찬이 진심으로 고마웠다. 서로에 대한 관심과 우정이 더 깊어지는 소중한 시간이었던 것 같다.

한 바퀴를 돌고 나니 아쉬워서 서로의 고쳐야 할 점을 말하는 시간을 가졌다. 전부 그 어떤 말에도 마음 상처 안 받기로 하고 서로를 위하는 마음이라는 걸 기억하기로 하며 한 사람씩 이어갔다. 그런데 고칠 점은 별로 말할 거리가 없었다. 그렇게 우리가 서로의 다른 점을 인정하고 있었으니 오랜 시간을 만나도 만나기만 하면 즐겁고 행복한 시간을 보낼 수 있었던 것 같다.

뜻깊고 즐거운 시간을 보내고 집으로 돌아가는 길에도 말하지 않았음에도 뭔가 하나씩 선물을 내밀었다. 어젯밤 칭찬의 말로 자존감이 하늘을 찌를 만큼 올라갔는데 준비해온 선물을 받으니 마음이 더 따뜻해졌다.

서로를 위하는 배려와 다름을 인정한 관계가 참 편하고 나에게는 힘이 된다는 걸 알았다.  다음 달에 만나기로 하고 헤어졌다. 그러나 다음 달에 누군가 한 명이 약속을 깨는 상황이 되어도 원망하거나 화내지 않는다. 그냥 사정이 그러니깐 그렇겠지 하다가 누군가 한 명이 '오늘 당장 나와라, 만나자.'라고 하면 만사 제쳐놓고 나가는 그런 사이다. 아무리 생각해도 쿨하고 무한긍정의 아주 좋은 관계인 것 같다. 이런 친구들이 주변에 있다는 것만으로도 힘이 되고 무슨 일이 일어나도 내 편이 되어줄 것 같아 마음이 든든하다.

우리도 처음부터 이런 관계는 아니었다. 사회에 나와서 서로 모르는 관계였지만 취미를 함께하며 지낸 세월이 10년 정도 되었다. 시작은 10명이 넘었지만 시간이 지날수록 빠져나가고 우리 다섯 명이 남았다.

한 명이 가정사로 힘들어하고 눈물을 흘리는 일이 있었다. 우리 네 명은 사춘기 노는 일진 아이들처럼 같이 욕하고 울어주고 오롯이 한 편이 되어주었다. 내가 사업이 어려워져서 위축되어 있을 때 다 같이 찾아와서 밥도 사주고 용기와 응원을 막무가내로 보내주었다. 묻지도 따지지도 않고 무조건 내 편이 되어주었다. 누군가 잘되었을 때는 내 일처럼 기뻐해주고 마구마구 축하를 날렸다. 나는 이런 친구들을 얻게 된 것이 행운이라고 생각하지만 순전히 나의 노력도 있었다고 생각한다. 나도 마음을 열고 칭찬과 위로를 많이 보냈다.

무시하거나 비아냥거리지 않고 이해되지 않는 상황도 이해하려고 노력했다. 힘이 되어주고 싶었다. 그런 내 마음을 이 친구들도 느꼈을 것이다. 친구들의 마음을 내가 느꼈듯이.

칭찬은 참 많은 능력을 가지고 있다. 그중에 안 되는 일도 되게 하고 쓰러진 사람도 스스로 일어날 수 있게 만드는 것도 있지만 사람과의 관계를 좋게 하고 편하게 하는 것이 제일 큰 능력인 것 같다. 영업의 첫 번째 기술도 칭찬이다. 나이 많으신 분에게 젊어 보인다고 하면 거짓말인 줄 알면서도 기분 좋아한다. 나한테 물건 팔려고 그런다는 것 알지만 기분은 좋다. 알면서 속아준다. 예쁘지 않은 아이에게 너무 예쁘다 하는 말이 안 나오면 무조건 귀엽다고 한다는 세일즈맨 이야기도 있다. 세상에 귀엽지 않은 아이는 없으니 그냥 무조건 귀엽다고 말하면 엄마의 마음이 열린단다. 엄마도 자기 아이가 예쁘지 않다는 걸 알고 있다. 그러므로 귀엽다는 칭찬은 엄마 마음을 흡족하게 한다는 것이다.

칭찬은 기본적으로 존중의 의미가 있다. 존중하지 않고 입으로만 하는 칭찬은 금방 표가 난다. 사람들이 칭찬을 받으면 기분 좋아하는 이유가 존중이 바탕이기 때문이다. 그런데 칭찬에 인색한 사람들도 많다. 받아보지 못해서 할 줄도 모른다. 개인주의가 팽배한 요즘 시대는 서로에게 칭찬은커녕 관심조차도 없는 사람들이 많다. 그러니 마음이 메마르고 건조하다. 힘들 때 위로받을 곳이 없어서 더 힘들어진다. 직장에서 지쳐 돌아왔을 때 가족의 따뜻한 칭찬의 말 한마디는 하루의 피로를 잊게 해줄 것이다. 직장 상사의 작은 칭찬 한마디가 더 큰 성과로 돌아올 것이고 상사에 대한 존중으로 보답할 것이다. 서로의 관계에서 제일 좋은 촉매제는 바로 칭찬이다.

칭찬에 제일 약한 사람이 바로 남편이다. 남편들은 아내의 칭찬 한마디면 별도 달도 다 따다 줄 기세다. 힘든 직장 일도 사업도 다 잊게 해주는 아내의 칭찬이 늘 고프다. 우리 남편은 요즘 말로 K-장남이다. 책임감으로 똘똘 뭉친 경상도 장남이라면 더 말할 것도 없다. 밖에서는 그렇게 상남자인데 집에만 오면 참 이상하게도 아이가 된다. 늘 '나 잘했지? 이렇게 해도 되나?' 칭찬에 목마르다. 아이들한테서조차도 칭찬 듣고 싶어서 늘 묻는다. 장남으로 자라서 무엇이든 잘하고 싶었나 보다. 동생들 본보기가 되어야 하고 부모님을 힘들게 하면 안 되니 무슨 일이든 잘해야 한다는 생각이 많았던 것 같다. 그런데 현실에서는 잘하면 본전이고 조금만 잘못해도 원망이 돌아오니 칭찬은커녕 욕 안 먹으면 다행이었다. 그러다 보니 칭찬을 받고 싶어서 최선을 다하며 살아온 것이다. 아내가 그런 사실을 잘 알고 폭풍 칭찬을 해주면 좋겠는데 잘못하는 것만 지적하니 늘 칭찬이 고팠다. 그런데 이상하게 남편에게는 칭찬이 잘 안 나오니 기가 막힐 노릇이다. 기대치가 너무 높아서 그런가 실망만 안 시키면 잘하고 있는 것인데도 그게 쉽지가 않다.

남편 기를 살리는 가장 쉬운 방법은 아내의 칭찬이다. 마음이 내키지 않더라도 연습을 해봐야겠다. 마음에서 우러나는 칭찬은 본인도 느낄 것이나 연습한 칭찬은 표가 나겠지. 그럼에도 불구하고 자꾸 칭찬하다 보면 존중의 마음도 저절로 생길 것이다. 그렇게 되면 더 이상은 싸우지 않고 편한 관계가 될 것 같다. 늘 함께하는 내 편으로 만드는 것이 내가 행복해지는 일이다. 칭찬과 존중의 말로 많은 내 편을 만들어 마음이 풍요로운 삶을 살아가자. 칭찬의 말이 가진 무한 능력이 기대된다. 존중의 말이 사람과의 관계를 더 좋은 사이로 끌고 가는 마차이다. 어느 누구를 위한 것이 아닌 오롯이 나를 위해 나를 칭찬하고 나의 가족을 칭찬하고 친구를 칭찬하다 보면 어느새 행복이 마음에 가득 차 있을 것이다.

04

말투만 바꿔도
관계가
달라진다

여행은 모든 사람들이 지금 당장 하고 싶은 일의 1순위이고 이루고 싶은 버킷리스트에는 반드시 있는 일 중 한 가지일 것이다. 지친 일상에서 벗어나 여행을 떠난다는 것은 생각만 해도 설레고 기분 좋은 일이다. 가까운 곳이든 먼 곳이든 일단 떠난다는 데 의미가 있다. 이처럼 모든 사람들이 좋아하는 여행을 요즘은 갈 수가 없어서 참 안타깝다. 코로나 팬데믹이 끝나고 예전처럼 세계 어디나 여행할 수 있는 날이 하루 빨리 오기를 바라본다. 그래서 우리의 꿈이 다시 세계 일주인 날이 오길 간절히 바란다.

　왜냐하면 나 역시도 여행을 엄청 좋아하기 때문이다. 시간이 날 때마다 아니 시간을 억지로라도 빼서 여행 가는 일에 목숨을 걸 때도 있었다. 가까운 지인들과 1박 2일 여행은 기본적으로 가고 동남아랑 일본 등 해외여행도 엄청 다녔다. 지금은 그럴 수 없어 안타깝지만 앞으로는 더 많은 여행을 꿈꿔본다. 여행하다가 죽어도 좋다고 생각한 날도 있었다. 그러니 요즘은 티브이로만 보는 여행이 영 별로다.

　나무에 달린 감이 주황색으로 예쁘게 익어가던 어느 가을날 친구들과 넷이서 감으로 유명한 청도로 1박 2일 여행을 계획했다. 소풍 가기 전날이 더 설레서 잠을 못 자듯이 친구들과 날을 잡고 숙소도 잡고 알차게 시간을 보낼 계획을 잡느라 여러 번을 만나고 여행 갈 날만 기다렸다. 언제나 그렇듯 여행은 즐거운 일이니 기대도 잔뜩 하고 가족들을 챙겨놓고 일찍이 약속 장소로 향했다. 한 장소에서 모여서 내 차로 다 같이 가기로 한 것이다. 친구들이 잘 모르는 장소라 걱정이 되어서 제법 쌀쌀한 날씨임에도 바깥에서 기다렸다. 혹시나 내 차를 지나칠까 봐 계속 신경을 쓰며 기다렸는데 오지를 않는다. 10분, 20분, 약속 시간보다 일찍 왔으니 한 삼십 분을 콧물 흘려가며 기다렸다. 짜증이 잔뜩 났다. 늦게 온 친구들이 일하고 늦어서 배가 고파 햄버거를 산다고 늦었단다.

그럴 수도 있다. 약속 시간이 좀 지났지만 그 정도 시간은 얼마든지 기다려줄 수 있는 시간이다. 그리고 놀러 가는 길이니 기분 좋게 넘어갈 수도 있다. 다만 차에서 편하게 기다렸다면 더 긴 시간도 기다려줄 수 있었다. 누가 시킨 것도 아닌데 혼자 추운데 밖에서 기다리고 내 차를 지나칠까 봐 혼자 걱정한 것이다. 그런데 순전히 내 생각으로 그래놓고 화가 났다. 화가 나니 말이 예쁘게 안 나온다. 친구들에게 화난 말투로 짜증 묻은 말투로 말을 하니 친구들이 눈치를 보기 시작한다. 햄버거를 사온 친구는 내가 화내고 안 먹는다니 햄버거를 먹지도 못하고 쫄쫄 굶고 앉았다. 좀 늦어서 미안하긴 한데 왜 그리 화가 났냐고 평상시 같지 않다고 농담하는 친구에게 못된 말로 답하고 입을 다물어버렸다. 출발하는 차 안은 한겨울 북풍이 몰아치고 지나간 듯 조용하다. 내가 내 말로 여행을 망쳐버렸다. 오래간만에 떠나는 행복한 여행을 내 말투가 다 망쳤다. 시간이 좀 지나고 후회도 되고 미안한 마음도 들어서 사과를 했는데 친구들이 괜찮다고는 해도 이미 마음들이 상한 상태인 것 같다.

 이미 짜놓은 여행 일정을 소화하는 내내 미안했다. 맛있는 밥을 사 먹고 마트에 들러 저녁에 먹을거리를 사는 중에도 친구들 눈치가 보였다. 같이 감도 따보고 따온 감을 나눠 먹는 시간도 약간은 불편했다. 그래서 내가 정식으로 사과를 했다. "변명 같지만 기다리는 동안 너무 춥고 힘들어서 너희를 보자마자 짜증이 났었다. 말을 그리 밉게 해서 미안하다." 라고 진심으로 사과했다. 친구들은 오히려 그런 마음을 몰라주고 화내고 함부로 하는 말투 때문에 좀 서운했는데 서로 오해를 풀어서 다행이라고 했다. 그리고 나서부터는 고기도 구워 먹고 친구의 친정집 밭에서 뽑아온 배추로 된장국도 따뜻하게 끓여 먹고 즐거운 시간을 보냈다.

 한창 분위기가 무르익었을 때쯤 낮에 일도 있었고 하니 서로의 마음을 이야기하는 시간을 가졌다. 한 친구가 내 말투가 상처가 된 적이 여러 번 있었단다. 나는 시골 섬마을 출신이고 경상도 사람이라 말투 자체가 좀 억세긴 하다. 그래서 나름 조심한다고 하는데도 친구들한테는 편하게 대하다 보니 그럴 수도 있었겠다 싶었다. 상처가 되었다니 좀 미안했다. 앞으로는 고치도록 노력해야겠다고 했다. 그랬더니 다른 친구가 하는 말이 감동이었다. 말투는 억양이 세지만 그 말 안에 담긴 뜻은 늘 따뜻했단다. 나는 좀 늘 진심인 편이다. 그래서 그런 마음이 퉁명한 말투 속에도 묻어 있었나 보다. 그래도 그런 마음을 알아주는 친구보다 모르고 상처받는 사람들이 더 많을 테니 말투는 좀 바꿔야겠다고 생각했다.

친구들과는 그 일을 계기로 좀 더 서로를 이해하는 좋은 시간이 되었으며 여행도 즐겁게 마무리가 되었다. 친구들과 좋은 관계로 지내는 것은 축복이다. 내 말투 때문에 끊어질 뻔한 우정이 내 말로 다시 이어져서 참 다행이다.

말투를 고치는 일은 생각보다 쉽지 않았다. 그래서 말투를 예쁘게 하는 것보다 말 자체를 긍정의 말로 바꿔서 해야겠다고 생각했다. 같은 말이라도 이왕이면 칭찬의 말로 하고 위로의 말로 바꿔야겠다. 무시하거나 비아냥거리지 않고 긍정의 말로 바꿔야겠다고 생각은 하지만 말투를 바꾸는 일은 항상 부단히 노력해야 하는 일인 것 같다. 외모와 함께 나를 드러내는 것이 말투이니 말투는 또 다른 나이기도 하다. 외모가 아름다운 것만큼 말투도 아름다워질 수 있도록 하고 적어도 상대가 상처받지 않을 말투는 되어야 하지 않을까 싶다. 외모보다 말투가 더 아름다운 사람이 사람과의 관계에서는 월등히 좋을 것이다. 거칠고 미운 말투를 가진 사람과 누가 좋은 관계를 맺고 싶겠는가.

긍정적이고 부드러운 말투를 가진 사람은 어디를 가나 환영받을 것이다. 특히 여자들은 말투가 아주 중요하다. 어디를 가나 함부로 툭툭 내뱉는 무심한 말투보다 진심 어린 따뜻한 말투를 가진 사람이 더 인기가 높은 것은 당연한 이치이다.

한때 유튜브 동영상에 올라온 법륜스님 말씀이 많은 관심을 받은 적이 있다. 물론 지금도 인기는 좋으시지만 그 무뚝뚝하게 툭툭 던지시는 찐한 경상도 사투리는 잊을 수가 없다. 그 말투에 들어 있는 현명함에 빠져 한동안 매일 웃고 울었다. 전 세계로 강연을 다니신다는데 경상도 사투리가 세계적으로 통하는 일도 신기했다. 두툼한 입술 사이로 무심하게 '그래서 어쩌라고?' 하시면 나의 입가에 웃음부터 번진다. 하던 사업이 잘 안 되고 마음이 힘들 때면 법륜스님의 동영상이 제일 먼저 생각났다. 말투는 정말 퉁명스럽고 짜증스럽기까지 하신데 마음은 항상 진심이시다. 보통의 사람들이 가족과 친구와의 관계에 대한 질문을 많이 하는데 스님은 한결같이 말씀하신다. 네 마음부터 바꾸라고, 무엇이든 너로 인해 일어나는 일이니 네 마음을 바꾸면 다 해결된다고 하신다. 나도 처음에는 다 수긍이 된 것은 아니었다. 그런데 시간이 지날수록 맞는 말씀이신 것 같다. 천당과 지옥은 내 마음속에 있는 것이니 종교를 떠나서 내 마음부터 다스리라 하신다.

내가 천국에 살면 내 마음도 행복해질 것이다. 절에 가든 교회에 가든 세상에 나 자신이 가장 소중하니 남 눈치 보지 말고 살아가라고 하신다. 자신이 행복하면 그걸로 됐다 하신다. 지옥이 따로 있나 지금 내 마음이 괴로우면 그게 지옥이지. 가족 간에 사랑과 믿음이 깨어져도 그것 때문에 남은 인생을 허비하지 말라고 하시는 말씀은 감동으로 이어졌다. 어떻게 저렇게 세상사 다 꿰고 계실까 하고 생각한 적도 있다. 사람을 생각하는 마음이 진심이셔서 그런 것 같다. 질문하기까지 얼마나 큰 용기를 냈겠는가? 본인의 감추고 싶은 상처를 사람들 앞에서 드러내고 질문하고 혼나는 용기에 스님은 더 잘살 수 있도록 도와주고 싶은 진실한 마음일 것이다.

이 세상에는 관계 때문에 힘들어하는 사람이 너무나 많다. 아무런 관계를 맺지 않고 살아가기는 힘든 사회이다. 그러므로 누구와도 좋은 관계를 유지하며 살아가는 일이 아주 중요한 일이다. 내 말투부터 진심을 담고 내 마음부터 진실하다면 관계는 좀 더 나아질 수 있다. 모든 관계가 다 좋으면 금상첨화겠지만 그렇다고 내가 힘들어하면서까지 다 잘 지낼 필요는 없을 것 같다. 그저 내가 감당할 수 있을 만큼만 하면 된다. 내가 행복하고 만족하면 말투도 좋게 나올 것이다. 좀 더 달라진 관계를 원한다면 말투부터 긍정적으로 바꿔보도록 하자. 말투만 바꿔도 관계는 충분히 달라질 수 있다. 더 좋고 편안한 관계로 이어지기를 원한다면 지금 당장 말투부터 바꿔보자. 진심을 담은 말투로!

05

들어주고,
이해하고,
공감하기

　나에게는 오빠가 넷이 있다. 친오빠가 둘, 사촌 오빠가 둘이다. 큰아버지와 큰어머니가 일찍 돌아가시는 바람에 사촌 오빠들이 우리 집에서 함께 살았다. 오빠들은 한 살씩 차이가 나니 연년생 아들 넷을 키우게 되신 것이다. 엄마의 고생이 이만저만이 아니었다. 그중에 첫째 사촌 오빠가 장애인이었다. 귀를 다쳐 말을 배우지 못해서 말을 하면 다른 사람들은 알아듣지 못한다. 알아듣고 통역을 해줄 수 있는 유일한 사람이 나였다. 나는 어릴 때부터 이상하게 그 어눌하고 부정확한 말을 알아들을 수가 있었다. 다른 사람들은 신기해했지만 나는 그냥 자연스러웠다. 그래서인지 오빠는 나를 유독 예뻐했다. 뭐든지 좋은 거 맛있는 것이 생기면 나부터 챙겼다. 나만 보이면 멀리서도 엄지손가락을 세우며 좋아해줬다. 뭔가 불리하고 억울한 일이 생기기라도 하면 나부터 찾았다. 남자 형제가 북적대니 오해받고 억울할 일이 많았다. 오빠는 말을 못 하니 더 불리할 수밖에 없었다. 엄마는 농사일하랴 자식들 키우랴 바쁘시니 일일이 다 챙겨주지 못했다. 그냥 건성으로 대충 넘기는 날이 많았다. 지금 생각해 보면 그건 너무 당연한 일이다. 내 자식도 키우기 힘든데 남의 자식 그것도 장애가 있는 아들이니 더 힘드셨을 것이다. 엄마 나름 최선을 다 했는데 표가 안 났을 수도 있다. 아무튼 장애가 있는 오빠가 우리 집에서 나를 제일 좋아할 수밖에 없는 조건이었다.

내가 어른이 되어 도시로 나오게 되어서는 늘 항상 나를 기다렸다. 내가 고향 집에 가면 그동안 억울했던 일, 불평, 불만, 모든 일을 일러바친다. 자기 말을 다 알아듣지 못하는 우리 엄마 아버지가 답답하여 죽을 지경인 것이다. 한 날은 집에 가니 장가를 가라 하는데 예쁜 여자가 아니고 어리고 바보 같은 여자라고 난리가 났다. 아버지는 돈도 벌고 장남이니 장가를 가서 자리를 잡고 살라고 하신 것이다. 귀를 다쳐서 장애인이지 머리는 똑똑하여 학교 다닐 땐 공부도 잘했다. 책도 많이 읽고 신문이며 잡지도 좋아해서 늘 세상 돌아가는 일에 관심도 많은 나름 엘리트인데 예쁘지 않은 여자랑 결혼하라 하니 자존심이 상한단다. 오빠들 네 명 중에 키도 제일 크고 인물도 솔직히 친오빠들보다 좋고 제일 낫다. 그래서 나도 아버지께 항의했다. 말을 잘 못하는 것 빼고 부족한 것이 없는데 왜 그런 집에 장가를 보내려 하냐고 했다. 내 눈에도 우리 오빠가 아까웠다. 아버지는 기막혀 하시며 싫으면 하지 말라신다.

예쁜 여자랑 결혼하고 싶은 것은 장애 여부를 떠나서 모든 남자의 로망인데 장애가 좀 있다고 해서 생각이 없는 것은 아니다. 마음에 안 들면 결혼할 필요 없다고 말해줬더니 환하게 웃으며 자기는 예쁜 여자랑 결혼하고 싶단다. 그 후로도 늘 나를 제일 많이 챙기고 나를 제일 많이 찾았다. 내가 봉사 단체에 가입하고 나서 우리 오빠가 정말 많이 생각났다. 장애인들의 삶은 누군가의 도움 없이는 생활 자체가 힘들다. 제일 의지하는 사람이 부모님을 비롯한 가족들이고 나라에서 많이 보조는 해주지만 그래도 힘들다. 우리처럼 가끔씩 도와주는 봉사자들의 도움이 꼭 필요하다. 집에만 있을 수 없으니 바깥 활동을 할 때가 있다. 한 번씩 동행을 하며 도와준다. 대부분의 장애인들은 미안하니 참기도 하고 부끄러워 말 못 하는 분들도 많다. 그러나 편하게 말해주고 도와주면 진심으로 마음을 열고 너무 좋아해준다. 나는 우리 오빠랑 평생 살았으니깐 더 잘 안다. 장애인 오빠와의 관계는 가족 이상인 것이다. 오빠 말을 가만 들어보면 무슨 뜻으로 말하는지 이해가 된다. 그리고 진심이니 공감이 된다. 사람과의 관계도 마찬가지가 아닐까. 무슨 말을 하는지 어떤 말을 하고 싶어서 그러는지 가만히 들어보면 이해가 될 것이다. 이해가 되면 공감할 수 있다. 공감한다는 것은 이미 좋은 관계로 가는 지름길에 들어선 것이다.

신혼 초에 남편과 내가 매일 싸운 것도 서로의 말을 잘 들어주지 않았기 때문일 것이다. 우리가 서로의 말을 잘 들어주었다면 서로를 이해하는 폭도 넓었을 것이고 그랬다면 덜 싸우고 덜 상처주며 살았을 것이다. 남편과 싸울 때는 정말 벽을 마주한 느낌이다. 도저히 무슨 말을 하는지 알아듣지를 못한다. 알아듣지를 못하는 말을 이해하기는 힘드니 계속 악순환이 반복되는 것이다. 서로 공감되는 관계를 만들려면 일단 잘 들어주는 연습부터 해보자. 잘 들어보면 분명히 이해가 될 것이고 이해가 되는 일은 그 어떤 일이라도 편한 관계를 유지하고 잘 지낼 수 있을 것이다.

남편과 나는 지금도 가끔 서로 다른 말을 하고 있지만 예전처럼 그렇게 싸우지는 않는다. 오래 같이 살다 보니 서로 조금은 들어주려고 노력을 하는가 보다. 싸우기 싫은 마음에 할 수 없이 듣다 보니 조금씩 이해되기 시작했고 그러다 보니 덜 싸우게 된 것 같다. 많은 시행착오와 연습이 낳은 결과이다. 그렇다고 늘 좋은 관계를 유지하는 것도 아니다. 가까울수록 서로가 기대가 크니 실망할 일도 많아서 좋을 때보다 나쁠 때가 더 많긴 하다.

부부라는 관계는 정말 알다가도 모르는 관계인 것 같다. 얼마 전까지만 해도 만나기만 하면 남편 자랑으로 침 튀기던 지인이 있었다. 그런 그녀를 보면 안타까운 마음이 많이 들었었다. 저렇게 남편이 좋은가 싶은 생각이 들다가도 남편의 갈비뼈처럼 사는 것 같다는 생각이 들기도 했었다. 그녀를 만날 일이 생기면 나는 항상 마음의 각오를 단단히 하고 나갔었다. 또 오늘은 무슨 자랑을 늘어놓을지 만나기 전부터 걱정이었다. 그런데 얼마 전 그 부부가 이혼 수속을 밟고 있다는 소리를 들었다. 그렇게 그 남자가 없으면 못 살 것처럼 '우리 남편, 우리 남편.'을 입에 달고 살던 여자가 이혼한다니 깜짝 놀랐다. 그 여자는 남편이랑 백년은 너끈하게 살 것 같았다. 이혼 사유는 당연히 성격 차이일 것이 분명하니 묻지 않았다.

부부 일은 아무도 모른다고 하더니 지금 그 여자 심정이 오죽하겠냐마는 그렇게 일방적인 관계는 어차피 오래가지 못한다. 남 앞에서 그렇게 남편 자랑을 해대는 여자는 자존감이 낮고 의지가 약해서 남편 없이는 아무것도 할 수 없으니 집착을 하게 된다. 남자들은 처음엔 자신에게 집착하는 아내가 자신을 너무 사랑해서 그런 것이라 생각하고 좋았겠지만 곧 알게 된다. 그건 사랑의 탈을 쓴 집착이고 집착은 결국 사람을 망치게 된다는 것을. 서로가 힘든 관계가 되고 결국은 파국으로 치닫는다.

드라마에서만 일어나는 일이 아니다. 현실에서도 왕왕 일어난다. 서로 들어주고 이해하고 공감하지 못하는 일방적인 관계는 무게 중심이 한쪽으로 기울어 곧 침몰하는 것이다. 일상에 쫓겨 무덤덤하게 지나치던 우리의 부부간의 관계도 가끔은 돌아보고 한쪽으로 기울지 않게 점검하며 평평하게 유지할 수 있어야 가정이 편할 것이다. 장애인 오빠 때문에 힘들다고 생각했던 어린 시절의 기억이 나를 더 성숙하게 만드는 일이었다. 부부뿐만 아니라 다른 사람들과의 관계도 수월하게 잘 지내려면 더 잘 들어주고 이해하고 공감하며 살아갈 수 있어야 한다.

어린 날의 내가 신혼 시절의 나보다 더 현명하게 대처하며 똑똑하게 관계를 맺고 있었던 것 같다. 오빠 말이 정확히 들렸던 것처럼 사람들의 말을 정확히 들으려고 노력해야 어쩔 수 없는 관계에서 오는 스트레스나 상처로부터 자유로워질 수 있을 것 같다. 부드럽고 유연하게 관계를 이어갈 수 있다면 충분히 공감될 수 있을 것이다. 더 잘 들어주고 더 많이 이해하고 더 깊게 공감하며 좋은 관계를 만들어가자.

06

말투에도
화장이
필요하다



매일 아침 출근을 준비하면서 거울을 본다. 나의 업무가 전화할 일이

많고 사람을 만나는 일은 거의 없는 일이다 보니 화장을 신경 써서 하지

않는 날이 많다. 어쩌다 식당 유리에 비친 내 얼굴을 보고 화들짝 놀랄

때도 있다. 나이 먹은 초췌한 여자가 서 있어서다. 나의 꿈이 부잣집 사

모님인 것을 생각하면 꿈을 이룰 날이 언제일까 걱정이다. 남편은 언젠

가 이뤄준다는 말만 30년 넘게 하고 있다. 나의 얼굴은 세월의 탓도 아니

고 남편의 탓도 아니다. 바로 나 자신의 탓이다. 시간을 잡을 수 없다면

좀 더 부지런히 내가 신경을 썼어야 한다. 얼굴 가꾸는 것은 큰돈이 들지 않아도 마음만 먹으면 얼마든지 할 수 있는 일이다. 부지런히 마사지도 하고 팩도 붙이고 피부에 좋은 음식 챙겨 먹으면서 관리하면 충분히 젊고 예쁘게 살아갈 수 있다. 그런데 나는 그러지를 못했다. 다 핑계다. 돈이 많으면 마사지를 받고 성형외과에 가서 피부에 좋다는 관리를 받을 텐데 돈이 없어서 못 간다고 핑계를 대고 바빠서 팩 붙일 시간이 없다는 핑계를 대고 있다. 내 노력이 부족하여 얼굴이 이 모양이니 더 이상 핑계를 대면 안 되고 예뻐지고 싶다면 노력을 하고 노력할 마음이 없다면 그냥 이대로 살면 된다.

사람이 얼굴만 노화가 오는 것이 아니라 말에도 노화가 오는 것 같다. 나이가 들어가면서 느끼는 것이 말을 참는 것이 어렵다. 하고 싶은 말이 있으면 해야 하지 참아지지 않는다. 아이들이랑 나가면 엄마가 막말 대마왕이란다. 나는 그냥 하는 말인데 그런 말은 실례가 된다고 못 하게 지적해댄다. 나만 그런 것이 아니다. 주변의 가까운 친구나 지인들도 아이들이 야단해서 같이 나가기가 두렵단다. 말투를 예쁘게 하라고 하고 어린 알바생에게도 높임말을 반드시 쓰란다. 우리 자식들보다 어려 보이니 자식 같아서 그냥 편하게 말하면 난리를 친다. 어쩌겠는가? 아이들이 시키는 대로 하긴 하는데 그럴 때마다 '내가 늙어가는구나.'라는 생각이 든다. 늙어서 눈치가 없는 건 아닌가 싶기도 하다. 눈치가 있건 없건 나이가 많건 적건 말투에도 화장이 필요한 것 같다. 할 수 있다면 화장이라도 해서 예쁜 말투를 써야 돌아오는 말도 예쁠 것이다.

　우리 친정 식구들은 남해 시골 사람들이라 목소리가 좀 큰 편이다. 억양이 세긴 해도 목소리가 작은 사람들도 있지만 유달리 우리 식구들이 목소리가 큰 편이다. 시골집에서 먹으면 준비하느라 번거롭기도 하고 엄마께도 도시의 맛있는 음식을 대접한다는 명목으로 자주 외식을 한다. 열 번 외식하면 일곱 번 정도는 조용히 좀 해달라는 식당사장님의 부탁을 받는다. 다른 손님들이 우리 가족이 싸우는 줄 알고 불편해한다는 것이다. 한두 번 있는 일이 아니다 보니 그러려니 한다. 조용히 하자고 하면서 웃고 떠든다. 식구들이 텐션이 높고 건강하여 안 그래도 목소리 큰데 식사 자리의 술이 흥을 올려 더 시끄러운 것이다. 미운 말은 안 한다. 그저 웃고 농담하고 서로를 놀리면서 즐거운 시간을 보내는 중이다. 그런데도 다른 사람들이 보면 싸우는 것 같나 보다. 우리 가족은 말투를 바꿔야 하나 억양을 바꿔야 하나. 아니면 그냥 시골집에서 만나야 하나.

사정이 이렇다 보니 사회생활 속에서의 내 목소리도 좀 큰 편이다. 그래서 오해도 많이 받는다. 부드럽게 예쁘게 말하지 못하고 큰 소리로 말하니 화를 낸다고 말하는 사람도 있다. 그래서 불리하긴 해도 이 말투라는 게 잘 안 바뀐다. 좀 좋아졌다가도 고향 사람 만나면 바로 사투리로 돌아간다. 고향 친구들이라도 만나는 날엔 아예 그냥 고향에 온 듯 사투리가 작렬이다. 말투도 화장하면 예뻐질 수 있을까?

말투 때문에 이혼을 심각하게 고민하는 부부가 있었다. 남편이 중국에서 오래 살다가 온 화교인데 한국말은 유창하지만 문화가 다르니 같은 말이라도 함부로 말한다고 오해를 받고 친정 부모님과 연락을 끊었단다. 사랑하는 부모님과 남편 사이에서 너무 힘들어서 이혼을 고민하고 있는 부부였다. 이야기인즉슨 남편이 취미가 사진을 찍는 거라서 집에 예쁘게 사진을 찍어서 전시해놓았다. 이를 본 친정 엄마가 사진 잘 찍는다고 칭찬을 했다. 사위는 기분이 좋아서 "그러면 어머니 영정 사진도 예쁘게 찍어 드릴게요." 했다. 어머니는 괜찮다고 하시면서 가셨는데 기분이 엄청 나빠서 그 길로 완전 삐치셨다. 딸에게도 전화도 안 하고 마음이 상하셔서 연락을 끊으신 것이다. 여기까지만 들으면 누구라도 세상에 어쩜 그런 사위가 있냐고 욕할 것이다. 그러나 사위는 어머니 기분 나쁘시라고 한 말이 아니다. 어머니 기분 좋으시라고 한 말이다. 중국에 우리 민족들이 사는 지역에는 영정 사진을 찍어놓으면 오래 사신다는 말이 있단다. 그리고 한 살이라도 젊을 때 찍어놓으면 보기도 좋아서 일부러 영정 사진 찍는 선물도 하고 한단다. 사위는 좋은 뜻으로 한 말인데 친정어머니는 그것도 모르고 오해한 것이다. 그래서 말을 잘해야 한다. 서로 좋자고 한 말이 이혼으로 이어져서 가정의 행복을 깰 뻔했다. 그때 이후로 사위는 아내에게 먼저 물어보고 말을 하는 버릇이 생겼다. 이 상황에 이 말이 적절한 것인지, 아니면 맞지 않는 것인지 사위는 지금도 헷갈린다.

상처를 주고 싶은 사람은 없을 것이다. 마찬가지로 상처받고 싶은 사람도 없다. 사람들의 상처는 말에서 오는 것이 대부분이다. 그만큼 사람과의 관계에서는 말이 중요하다.

어릴 때 나 몰래 내 뒷담화를 해서 믿었던 친구로부터 받은 상처는 평생을 가도 안 지워진다. 편하다고 함부로 던지는 가족들의 말들도 가슴에 가시처럼 박혀서 자존감을 찌르고 나를 아프게 한다. 생각 없이 내뱉는 연인의 말도 두 번 다시 사랑하기 힘들 정도의 상처로 남는다. 나를 가치 없는 사람으로 몰락시키는 직장 상사의 무시하는 말이 일하는 것보다 더 나를 힘들게 한다.

그렇다면 이런 상처들을 계속 끌어안고 살아가야 할까 아니면 나만의 방식으로 극복을 해야 할까? 상처를 이겨낼 수 있는 힘을 길러서 마음 근육이 단단해진다면 어떤 형태로 오는 상처든 의연하게 대처하고 유연하게 받아들일 수 있지 싶다.

여자들이 나이가 오십이 넘으면 사춘기보다 무서운 갱년기라는 게 온다. 오죽하면 사춘기보다 무섭다고 할까. 갱년기가 되면 안 그래도 호르몬 때문에 우울한데 가족들에게서 받는 서운함이 더 힘들게 한다. 상처라고 말하긴 좀 그렇긴 한데 그동안 가족을 위해 희생하고 살아온 자신이 초라하고 외로워지고 더 이상 쓸모없는 인간이 된 것 같아 우울해지는 것이다. 남편과 아이들을 위해 청춘을 다 바쳤는데 남은 것은 무관심과 외로움뿐이니 그런 생각이 들고 더 이상 살아갈 이유를 찾지 못해 힘들어한다. 그런데 여자들이 알아야 할 것이 있다. 구태의연하게 남들이 갱년기라 하니 나도 갱년긴가 하고 힘들어할 필요 없다. 요즘은 좋은 호르몬제도 많고 병원에 가면 이겨내는 방법도 친절히 가르쳐준다.

이제 세상이 바뀌었으니 생각도 바꿔야 한다. 백세시대인데 오십은 아직 청춘이다. 희생했다고 생각하면 서러워진다. 다 키운 자식과 잘나가는 남편은 이제 잊어라. 나의 인생을 살 수 있는 기회가 왔다. 그동안의 경험과 노하우로 나만의 인생을 살아가보는 거다. 남편 때문에 아이들 교육 때문에 못 해본 취미 활동도 하고 운동도 하고 아니면 돈을 벌어도 된다. 책을 써보는 일도 추천한다. 가족들에게 매달리지 말고 가족들만 쳐다보지 말고 나만의 시간을 가져보면 처음에는 어색하고 어딘가 불편하지만 찾아보면 의외로 혼자 할 수 있는 일이 많다. 그렇게 내 인생을 찾다 보면 가족들에 대한 희생의 대가로 괴로워할 시간이 없을 것이다. 내 한 번뿐인 소중한 인생을 가족들 뒷바라지로만 보내기는 아깝지 않은가. 나가서 일을 하든지 취미나 운동을 하게 되면 생활에 활력도 생기고 갱년기가 언제 왔다 갔는지 모를 수도 있다. 여자들이 좀 더 현명해질 필요가 있다. 돈이 없어서 못 한다는 말은 하면 안 된다. 돈은 벌어서도 할 수 있고 용기만 있다면 얼마든지 더 나은 인생을 살아갈 수 있다고 장담한다. 나 같은 사람도 하는데 못 할 사람이 어디 있겠는가.

얼굴에 화장도 하고 자신감을 가지고 뭔가 남은 내 삶을 풍요롭게 살아가보려고 노력해보자. 예쁜 말 고운 말 긍정의 말투로 화장하고 더 좋은 관계로 살아가는 일에 집중하다 보면 가족들과의 관계는 더더욱 좋아질 것이다.

07

존재감 있는
사람은
말투부터 다르다

지하철이나 버스를 타면 남녀노소를 막론하고 거의 모든 사람이 스마트폰을 들여다보고 있다. 불과 얼마 전까지만 해도 졸고 있거나 책을 보는 사람도 더러 있었는데 요즘은 아예 스마트폰을 보거나 듣는 사람들뿐이다. 내가 모르거나 알고 싶은 거의 대부분의 정보가 이 스마트폰 속에 다 들어가 있으니 당연한 이치이다. 그냥 보거나 듣기만 하는 것이 아니라 회사 일도 하고 은행 일도 보고 심지어 책도 스마트폰으로 다 읽어주는 아주 편리한 시대이다. 아이부터 어른까지 각자의 스마트폰이 없는 사람이 없다. 나도 시간이 날 때마다 동영상 콘텐츠인 유튜브를 많이 본다. 유명한 사람들의 비싼 강의를 공짜로 볼 수 있으니 자주 보는 편이다. 나도 언젠가 유튜브를 찍어보고 싶다는 생각도 했었는데 마땅한 아이템이 없어서 늘 아이템을 고민하고 있을 정도이다. 이렇게 평범한 일반인들도 나올 수 있는 곳이 유튜브이다. 20대인 아들이 보는 게임 유튜브는 거의 대부분이 욕이랑 고함지르기다. 자기가 중계하는 팀이 이기고 지고 할 때마다 고함을 지르고 욕을 하고 환호도 하고 야단법석이다. 중고등학생들이 많이 볼 텐데 말이 심해서 아들에게 물어보니 보는 사람은 보고 거의 대부분의 학생들은 공부하느라 볼 시간이 없다고 걱정하지 말라고 한다. 어른인 내가 들을 때는 걱정이 심히 되는 말들이 많다.

어릴 때부터 그런 말들을 아무렇지도 않게 듣고 자라면 나중에는 자연스럽게 나오지 싶다. 말은 사람의 인격이라 걱정을 하니 그렇게 욕을 하고 자극을 해야 조회 수도 많고 재미가 있어서 돈도 많이 번단다. 이해를 못 하는 건 아닌데 걱정이 되는 건 어쩔 수가 없다. 단순히 재미만을 추구하는 동영상도 많지만 유익하고 배울 것이 많은 동영상도 많다. 그중에서 나는 말을 잘하는 유명 강사들의 강의를 좋아한다.

3년 전 큰 기대를 하며 투자한 사업이 잘못되는 바람에 사실 지금 현재는 거의 빚더미에 올라앉아 있는 현실이다. 투자가 실패라는 것을 깨닫고 나서는 후회해도 돌이킬 수 없는 상황이라는 걸 알았다. 정말 힘들고 마음이 지옥인 세월이 이어졌다. 언제 끝날지 모르는 나날을 보내면서 누구에게도 말하지도 못하고 일상생활을 이어갔다. 그런 내가 기댈 곳이라고는 이미 성공한 사람들의 동영상을 보며 마음의 위로를 받거나 희망을 꿈꾸는 것이었다.

우리 부부를 믿고 돈을 빌려주거나 투자를 하신 분들의 독촉 전화를 받거나 안 그래도 힘든 회사에 연체 통지라도 날아오면 혼자 현실을 벗어 던지고 도망가고 싶은 마음이 굴뚝같았다. 그렇지만 도망갈 수 없으니 동영상을 시청했다. 차에 혼자 앉아 볼륨을 최대로 틀어놓고 들었다. 그런 날이 많아질수록 드는 생각은 나도 빨리 다시 일어나서 성공하면 나처럼 어려움에 처한 중소기업을 돕는 재단을 만들거나 도와주는 일을 하고 싶다는 거였다.

그런 날이 언젠가는 올 거라 믿으며, 강연가의 말을 귀담아들었다. 이미 다들 성공하셨지만 그분들도 나처럼 다들 어려운 시절이 있었고 오히려 나보다 더 힘들게 사신 분들도 많았다. 포기하지 않고 꿈을 향해 달리셔서 지금의 성공이 가능했을 것이다.

거의 매일 동영상을 시청하다 보니 성공하신 분들의 공통점을 발견하게 되었다.

첫 번째는 전문용어를 쓰고, 이해하기 어렵게 하지 않고 말을 알아듣기 쉽게 하는 것이다. 목소리에는 힘이 있으나 평소에 대화하듯이 물 흐르듯 편하게 말을 하니 이해가 빠르다.

두 번째는 청중의 마음을 잘 알고 위로해준다. 물론 사람 사는 세상사가 대부분 비슷하다 해도 어째 꼭 내 마음을 알고 말씀하시는 듯 위안이 된다.

세 번째는 별로 대단한 말도 안 한 것 같은데 존재감이 대단하다. 너무 대단한 사람인 것 같다. 다음에 기회 되면 실제로 하는 강연을 듣고 싶다는 생각마저 든다.

공부도 많이 하고 책도 많이 보고 연구하고 노력하셨겠지만 그런 아우라는 하루아침에 이루어진 것이 아닐 것이다.

특히, 그 존재감을 대단하게 높여주는 것은 말투인 것 같다. 아무리 말을 하는 직업이라 말을 잘한다고 해도 청중을 위하고 존중하는 마음이 없다면 그런 말투는 나오기 힘들다고 본다. 본인의 강연 한 번으로라도 위로받고 다시 일어날 수 있는 자신감이 생기기를 진심으로 바라는 마음이 말투에 묻어난다. 나는 그렇게 진심으로 강연하는 분들을 좋아한다. 비단 나 혼자만의 생각은 아닐 것이다.

많이 배우고 잘난 사람도 많지만 잘났다고 다 존재감이 있는 것은 아니다. 사람의 힘든 마음을 알아주고 상처받은 마음을 다독여주는 사람이 우리에겐 더 존재감 있는 사람이다.

여러 명이 있는 곳에서 내 이름을 기억해주고 작은 거라도 챙겨주는 사람이 유명하고 멋진 사람보다 나에겐 더 존재감 있는 사람이다. 존재감 있는 사람은 말투부터가 다르다. 사투리나 억양을 가리지 않고 그냥 따뜻하다. 정이 있다. 그런 말투로 말을 하는 사람은 내 마음도 잘해주고 싶다. 내가 진심으로 잘해주면 상대도 느낀다. 그러면 서로의 관계가 당연히 좋아진다. 좋은 관계로 지내며 살아갈 수만 있다면 관계에서 오는 스트레스는 없을 것이고 삶 자체가 풍요로워질 것이다.

나도 관계가 참 어려운 사람 중 한 명이었다. 사람들과 잘 지내는 일이 말처럼 그렇게 쉬운 일이 아니다. 첫 아이를 낳고 아파트라는 곳으로 처음 이사했다. 너무 살아보고 싶었는데 막상 이사하고 보니 이웃 사람이 너무 많은 것이 신기했다. 우리 집은 15층 중의 13층이었다. 나 빼고 이웃집이 스물아홉 집이나 되었다. 이사 떡을 해야 하는데 도대체 얼마나 해야 할지 감이 안 잡혔다. 그래서 조금만 해서 아래윗집과 몇 집에만 주었다. 그랬더니 엘리베이터에서 만나는 사람마다 이사 떡 얘기를 하셨다. 참 난감했다.

나는 일찍 결혼했으니 아직 20대 중반인데 그 아파트 주민들 대부분은

30대 후반 이상이었다. 아이 친구 엄마 중에는 열 살 이상 차이가 나는 사람도 있었다. 나는 아파트 전체에서 유명 인사가 되었다. 친구가 없으니 나이 많으신 아이 친구 엄마들이랑 놀아야 했다.

장담하건대 내 인생 통틀어서 인간관계는 20대 후반 처음 이사 간 그 아파트에서 다 배웠다. 일거수일투족을 보고 있으니 행동이 어려웠다. 집에서 나오지를 못하겠다. 안 나오니 집으로 자꾸 찾아온다. 내가 뭐라도 하면 금방 소문이 난다. 나는 미칠 것 같았다. 사람들과 좋은 관계를 맺으며 잘 지내는 일은 생각보다 너무 어려웠다. 아침에 일어나는 일이 무서울 정도였다. 오늘은 또 누가 집으로 찾아올지 와도 무슨 얘기를 하며 시간을 보낼지 걱정이었다. 비밀이 없고 사생활 보장이 안 되는 이 아파트에서 도망치고 싶었다. 마침 그 무서운 IMF가 터져서 도망가기도 힘들었다. 이러다간 죽을 것 같단 생각이 들자 방법을 바꾸기로 했다. 내가 바꾸지 않으면 내가 너무 힘들어 안 되겠다는 생각이 들었다. 내가 살기 위해 오랜 고민 끝에 내가 찾은 방법은 나도 그 속으로 들어가는 것이었다. 아파트 주민들이 하는 말속으로 행동 속으로 들어가서 나이에 상관없이 그냥 다 언니로 호칭을 통일하고 무리 속에 섞이기로 했다. 오히려 그렇게 하니 편했다. 내 마음을 바꾸니 또 다른 세상이 거기 있었다.

관계라는 것이 너무 잘하려고 해도 어렵고 신경 쓰지 않으려고 해도 어렵다. 이왕 같이 살아야 한다면 내가 받아들이면 좀 더 편해질 수도 있다. 누군가 천국과 지옥은 내 마음속에 있다고 하지 않던가? 마음 바꾸기가 쉽지 않지만 조금만 달리 생각해보면 나는 언제든 천국에서 살 수도 있을 것이다. 내가 마음을 바꿔서 마음 편히 살 수 있었듯이 말이다. 어린 나이에 혹독하게 배운 인간관계는 살아가는 내내 힘이 되었다. 어디를 가도 그때처럼 힘들지 않았으니 말이다. 주변 사람과의 관계 때문에 스트레스 받고 힘든 사람들은 이것만 기억하자. 남 때문에 힘들어하는 사람은 자신이 얼마나 소중한 사람인지를 모르고 있는 사람이 많다. 자신의 존재를 소중하고 가치 있게 생각하고 나를 좀 더 사랑하면 자존감이 올라간다. 자존감이 높아야 관계 때문에 힘들어하지 않을 수 있다. 나의 자존감이 올라가면 존재감도 높아진다. 존재감 있는 사람은 상대방에게 늘 진심이니 관계는 당연히 좋아질 수밖에 없다.

내 생각을 바꾸면 말투도 달라진다. 마음의 여유가 생기고 생각도 유연해진다. 그러다 보면 모든 관계도 좋아질 것이다. 말투부터가 다른 존재감 있는 사람이 될 것이다. 유명한 강연가들이 멋진 말을 고르지 않고 편하고 알아듣기 쉬운 말을 하듯 우리의 관계도 편하고 자연스러운 관계로 이어가는 것이다. 이것이 진정한 고수의 방법이다.

4장

상처받지 않는
건강한 관계

—

만드는 법

나를 피곤하게
만들었던
관계와의 이별

'행복해지려고 마음먹은 만큼 행복해질 수 있다. 행복해지고 싶으면 행
복하다고 생각을 해라.' 어딘가에서 이 말을 들었을 때 나는 콧방귀를 뀌
었다. '내가 지금 행복하지 않은데 어떻게 행복하다고 생각을 할 수 있나
행복해야 행복하다고 생각하지. 그렇게 말이다.' 그런데 이 나이쯤 살고
보니 알겠다. 행복하다고 생각해야 행복해진다는 것을. 늘 똑같은 일상
이 얼마나 고마운지도 안다. 지금처럼 건강하게 살아간다는 것이 엄청난
행복인 것도 안다. 따뜻한 안방 창가에서 글을 쓰는 이 시간이 얼마나 소

중한지도 안다. 누구에게나 본인이 살아온 세월을 돌이켜보면 파란만장,
우여곡절에 대해 할 말이 많을 것이다.

나 아니면 못 살아냈을 나의 인생이 있다. 소중한 나의 인생을 깨닫고
나의 행복을 찾기까지는 오랜 시간이 걸리고 많은 시행착오가 있다. 다
행히 사람에게는 망각이라는 기능이 있으니 일일이 다 기억하지 않고 지
금 현재를 살아가고 있을 뿐이다. 어쩌다 너무 힘들어 끊어버리고 싶은
관계나 인연이 있어도 쉽사리 결정하지 못하고 고통스러워하는 시간들
도 있다. 나 자신의 행복을 찾으려면 끊고 맺기도 확실하게 하는 법을 배
우고 연습해야 한다.

대한민국 며느리들의 공통 주제인 시댁과의 관계가 나에게는 끊어내지
못하는 고통의 시간이었다. 나도 며느리를 볼 나이가 되어가니 두렵기까
지 했다. 아들의 여자 친구가 며느리가 된다면 나는 결혼 전에 약속을 받
을 작정이다. 1년에 한 번 정도만 우리 집에 오고 명절에는 여행을 가거나
친정집에 가서 놀고 시댁 식구는 안 챙겨도 되니 우리 아들 데려가서 둘
이서만 잘 살면 된다고. 나는 어떤 날에는 결혼을 안 해도 되는데 꼭 하고

싶다면 외국이나 어디 제일로 먼 지역으로 이사해 서로 관계가 엮이지 않게 살자고 했다. 내가 우리 아들을 싫어해서 하는 말이 아니다. 오히려 너무 사랑하니 서로 먼 곳에서 그리워하고 보고 싶어 하며 살자고 하는 것이다. 아들은 혹은 딸은 결혼하면 기본적으로 아예 부모로부터 분리가 되어야 한다고 생각한다. 부모로부터 정신적으로 분리가 안 되면 며느리가 정말 말도 못 하게 힘들다. 우리 남편이 K장남인데 이른 나이에 결혼을 하고 보니 분리되는 단계가 생략되어 내가 잘 안다.

시동생이랑 동서가 어린 나이에 동거 생활을 시작했다. 동서는 나의 중학교 때 친구인데 학교 다닐 때는 말 한마디 안 해본 그냥 동기였다. 그런데 친구들이랑 나이트에서 밤새워 놀고 우리 집에서 단체로 자고 아침에 일어났을 때 친구 아이가 돌잔치를 한다는 소식을 들었다. 어린 나이에 아기 돌잔치를 하려니 돈이 없어서 집에서 한다는 것이다. 얼씨구나! 친구라 하니 축하도 해줄 겸 오랜 도시 생활로 지치고 굶주린 배를 채울 좋은 기회였다. 우리 집에서 같이 잔 친구들이랑 집이 떠들썩하도록 준비를 했다. 단체로 예쁘게 화장을 하고 친구 집에 물어물어 갔다. 돌잔치 하는 아이보다 맛있게 차려진 돌상이 너무 좋았다.

우리가 올 거란 상상도 하지 못한 아이 엄마인 친구는 혼자 감당하기 힘드니 남편의 형님인 아주버님을 불러서 술이랑 음식을 준비해주었다. 행복하고 즐거운 시간을 보내고 돌아왔다. 일주일 후, 아이 엄마인 친구가 자기 아주버님이 내가 맘에 든다고 만나고 싶어한다고 연락을 해왔다. 흣! 한창 예쁠 나이이니 그럴 수 있다고 대수롭지 않게 넘겼다. 그런데 그날 이후로 친구의 아주버님은 내가 근무하는 회사 앞으로 매일 찾아왔다. 그 인연으로 남편과 나는 결혼을 했고 친구와 나는 동서지간이 되었다. 동서지간이라는 관계는 내가 본 적 없는 관계였다. 친정에 큰엄마는 일찍 돌아가셔서 우리 엄마는 동서가 없다. 일찍 돌아가신 동서의 자식들인 조카들만 키웠었다. 그래서 다른 사람들이 다 걱정해도 나는 문제없을 거라 생각했다. 게다가 고향 친구가 아닌가? 그러니 서로 친구로 동서로 잘 지낼 거라 확신했었다. 내 확신이 틀렸다는 걸 깨닫는 데는 그리 오랜 시간이 걸리지 않았다. 나는 배신감과 분노로 눈물의 세월을 보내야 했다.

남편은 지혜롭게 해결해야지 감정적으로 하면 안 된다는데 나에게는 그런 지혜 따위는 존재하지 않았고 매일 화가 나고 힘들었다. 어떤 하루는 그냥 이놈의 시댁과 동서가 죽어버렸으면 좋겠다는 생각도 했었다. 남편의 동생인 시동생이 아이를 둘이나 두고 군대에 갔다. 그러면 누가 남은 세 사람을 먹여 살려야 할까? 나는 시부모님이라고 생각했다. 하지만 현실은 우리 부부였다. 아직 아이도 없고 둘이 맞벌이를 하니 우리 집으로 매일 아이 둘을 데리고 출근을 했다. 처음에는 짠하기도 하고 가족이니 잘해줬다. 문제는 우리 아이가 태어나면서부터였다. 조카들을 끔찍이 여기고 잘해줬던 남편이 자기 아이가 생기니 좀 소홀해진 것이다. 그건 너무나 당연한 이치인데 질투와 분노로 집안이 조용할 날이 없었다.

나는 남편을 사랑해서 결혼이라는 걸 했는데 갑자기 내가 먹여 살리고 신경 써야 하는 가족이 학교에 다니는 시누이까지 합치면 6명이나 더 되었다. 그뿐인가 가끔 군대에 있는 시동생이 휴가라도 나오면 아이들은 아예 우리 차지고 돈은 돈대로, 시간은 시간대로 장난이 아니었다. 그렇지만 내가 선택한 결혼이니 잘해보고 싶어서 최선을 다했고 언젠가는 이런 내 마음을 알아줄 것이라 생각했다. 그런데 나에게 돌아온 결과는 대박이었다. 모든 것이 내 탓이고 나의 잘못이었다. 둘이 각자 바람나서 이혼해놓고 내가 말리지 않아서라고 내 탓이라고까지 한다. 이런 시댁은 세상에 또 없을 것이다. 자식을 돈 벌어오는 기계로 생각하고 일거수일투족을 간섭하고 통제하고 놓아주지 않는 시부모님. 아무리 성심껏 잘해도 잘 못 하는 것만 기막히게 찾아내는 시부모님과 시누이. 갖은 모략으로 내 인생을 송두리째 빼앗어간 동서와 시동생. 나는 바보 중에 상 바보였다. 이야기보따리를 풀어놓으면 일주일은 너끈할 것이다.

그런데 나는 이제 더 이상 바보가 아니다. 왜냐하면 그 시댁을 박차고 나왔기 때문이다. 코끼리를 길들일 때 고삐를 바닥에 묻어놓고 도망가지 못하게 하면 어른이 되어도 코끼리는 줄을 매놓지 않아도 도망가지 않는다고 했던가. 내가 그런 상태였던 거다. 이제 나는 코끼리처럼 그대로 서 있지 않고 내 발로 박차고 나왔다. 시댁과의 관계를 끊어내기 위해 얼마나 많은 부단한 노력을 했는지 모른다. 독해지기로 결심하고 착한 며느리 콤플렉스를 벗어버리려고 혼자 엄청 노력했다. 두 번 다시 나의 행복을 다른 사람에게서 찾지 않고 다른 사람으로 인해서 힘들어하지 않겠다고 다짐하고 또 다짐했다.

그렇다고 이혼을 한 것은 아니다. 물론 이혼을 하면 단번에 끊어질 관계였지만 나는 나의 가정도 지키고 나의 행복도 되찾았다. 시부모님 앞에서 선언했다. 나는 더 이상 희생할 생각이 없고 지금까지 한 것만으로도 충분하니 앞으로는 나를 찾지 말아 달라고 했다.

처음엔 노발대발 난리를 치셨지만 내가 없는 소중함을 아셨는지 지금은 조용하시다. 독하게 결심하고 시댁과의 관계를 끊고 나니 나만의 시간이 너무 많고 좋다. 명절에도 나는 안 간다. 집에서 쉬거나 친구들이랑 논다. 영화나 티브이를 보며 맥주를 마신다. 나는 그동안 하기 싫어도 소처럼 일했다. 집안 대소사며 명절은 말할 것도 없고 1년에 열 번 이상 되는 제사에 생신까지. 열심히 돈 벌어서 시댁에게 충성을 다 바쳤던 것이다.

내가 마음먹고 나니 욕하는 소리, 원망하는 소리가 점점 작게 들리기 시작했다. 그렇게 나를 힘들게 하는 관계에 나는 왜 그렇게 매달렸을까? 가족 안에 가족의 일원이라는 소속감이 나를 그 안에 머물러 있을 수밖에 없게 했겠지 생각한다. 그러나 나는 과감하게 결심하고 나를 피곤하게 하고 힘들게 했던 관계와 이별을 하고야 말았다. 대단한 용기와 결심이 필요했다. 가족들로부터 받을 비난과 욕에 상처받지 않고 소화해낼 마음의 그릇도 키워야 했다. 이제 나는 나의 행복을 찾았다.

앞으로도 나를 피곤하게 하는 관계들과 이별을 하고 나의 행복은 나 스스로 지켜나갈 것이다. 더 이상 바보로 살고 싶지 않다.

긍정의

언어는

언제나 옳다

　'세상에는 주로 낙관주의자들이 승리하는데, 그것은 그들이 옳기 때문이 아니라 긍정적이기 때문이다.'라고 하버드 대학교 유명한 교수님이 말씀하셨다. 완전 100% 공감되는 말이다. 그리고 나는 긍정의 힘을 믿고 긍정의 언어를 좋아한다. 긍정은 언제나 우리 모두에게 살아갈 힘이 나게 하고 모든 일의 근원이다. 그 어떤 상황이라도 긍정은 옳다. 지금까지 내가 살아온 힘도 긍정이다. 나는 긍정 여왕이다. 앞으로도 긍정의 힘으로 살아갈 것이다. 내게 닥쳐온 그 어떤 고난도 내가 가진 긍정으로 물

리쳤고 지금도 남들은 상상도 못 할 빚더미에 있지만 긍정의 힘으로 오늘도 나는 웃고 있고 글을 쓰고 있다. 긍정은 그 어떤 단어보다 좋아하는 나의 힘이다. 나는 긍정의 힘을 알고 있기에 다른 무엇보다도 긍정을 좋아할 수밖에 없다.

아이들이 초등학교 입학할 무렵에 남편이 하던 사업이 어려워져서 집을 줄여 작은 아파트로 이사를 하게 되었다. 크고 좋은 아파트에 살다가 이사를 오니 서글프고 자존심도 상했지만 나는 젊었고 자신 있었기에 굴하지 않았다. 언제나 나의 힘은 긍정이었기에 믿고 있었다.

그러나 현실에 닥치면 사실 마음이 무너지는 것이 또 어쩔 수가 없었다. 힘든 현실을 벗어나고자 노력해야 했고 한참 손이 많이 가는 아이들을 보살피며 할 수 있는 일을 찾아야 했다. 남편을 도와 일을 해야겠다고 다짐하고 일을 찾던 중 1t 트럭으로 한 시간 거리를 중고 가전제품을 운반하는 일을 찾았다. 나는 그때 30대 초반의 젊은 아줌마였고 내 또래의 아줌마들은 상상도 할 수 없는 일이었다. 아이들 학교 가고 나면 백화점 가는 일이 일상인 날들인 아줌마들이었다. 그러나 나는 그 일을 했다.

쓸 만한 중고 가전제품을 저렴하게 사서 중고 가전 매장에 싣고 가서 팔고 오는 일이었다. 고속도로 한중간에서 밧줄이 풀리기도 하는 아찔한 순간도 있었다. 야구 모자를 눌러 쓰고 1t 트럭에 한가득 가전제품을 싣고 오는 나를 상가 사장님들이랑 손님들은 의아해했고 신기해했다. 동물원 원숭이 보듯이 구경을 나오기도 했다. 처음엔 약간 부끄럽기도 했다. 하지만 한 번 두 번 가다 보니 금세 자연스러워졌고 나중에는 상가 사장님들이 서로 자기에게 팔라고 따로 전화를 주시기도 했다.

오 년 정도 하루도 빠짐없이 열심히 일했다. 아프거나 힘들어도 일은 했다. 그렇게 한 결과 금방 돈을 모았고 옆에 있는 좋은 아파트로 집을 사서 이사도 했다. 나는 그때 동네 여자들이 뒤에서 수군거리는 말에는 신경도 쓰지 않았다. 1t 트럭을 운전해서 가는 나를 별나다고 다들 쳐다보아도 나는 아무렇지도 않았다.

나중에 좋은 집으로 이사하는 나를 부러워하며 한마디씩 하는 말에는 좀 우쭐했다. 왜냐하면 나는 긍정의 힘으로 그들보다 먼저 그 아파트에서 이사 나왔고 순전히 나의 노력으로 성공을 이루어내었기 때문이다.

그 일을 하면서 가장 많이 올라간 것이 자존감이다. 무슨 일이든 할 수 있다는 자신감은 덤이었다. 세상 앞에 나서서 싸울 수 있는 힘을 얻었었다. 아이들에게도 여자라고 못 하는 일은 없다는 걸 몸소 보여주었고 당당하게 긍정적인 말을 하는 사람이 공부를 잘하는 사람보다 훌륭한 사람이 될 수 있다고 말했다. 나중에 아이들이 커서도 그때의 엄마처럼 긍정의 힘으로 살아가길 바랐다. 사람의 말은 그 사람의 인생을 만들어가는 것이니 말하는 대로 된다는 말을 입에 달고 다녔다.

하는 말마다 부정적이고 트집 잡기가 주특기인 내가 아는 여자가 있다. 그 여자는 내가 뭐를 하기만 하면 사사건건 부정적으로 말한다. 얼굴은 항상 굳어 있고 눈빛은 뭐 트집 잡을 거 없나 찾고 있는 것 같다. 만나기만 하면 마음이 불편하다. 보자마자 트집이다. '살이 쪘나 얼굴이 빵떡 같다, 무슨 일이 있나 다크써클이 배꼽까지 내려왔다' 등등…. 연락하기가 싫어서 한동안 소식이 없으면 난리를 친다. 못 이기는 척 연락이 되기라도 하는 날이면 부정적인 말들로 내 에너지가 방전되어 집으로 돌아온다. 다시는 만나기가 싫다는 생각이 들지만 뿌리치지 못하고 다음 약속을 정하기도 했다. 그런데 나는 왜 그 여자와의 관계를 끊어내지 못하고 이어가는 걸까. 너무 한심한 것 같지만 부정적인 사람과의 관계를 정리하는 일은 긍정적인 사람 두 명을 찾는 것보다 어려울 수도 있다.

부정적이고 불평불만이 많은 사람이 하는 말은 이상하게 설득력이 있다. 강하게 말해서인지 끌려가게 된다. 그 여자를 만날 때마다 느끼는 것인데 그 여자 말은 다 맞는 거 같다. 마녀의 말에 이끌려 죽음의 계곡으로 달려가는 동화 속 사람들처럼 끌려가게 된다. 그러나 집에 와서 생각해보면 내가 정말 바보 같다는 생각이 든다. 다시는 만나지 말아야지 다짐하고 또 다짐한다. 마녀같이 어두운 표정의 그 여자와의 관계는 더 이상 이어가면 안 된다는 걸 이제는 안다.

긍정적인 생각을 하고 긍정적인 말을 하는 사람은 얼굴이 밝고 표정이 환하다. 얼굴 표정만 봐도 알 수가 있다. 표정이 밝은 사람이 하는 일도 잘되고 사람들에게 인기도 많아서 사람들과의 관계도 어렵지 않다. 대화할 때도 잘 웃어주고 맞장구를 쳐준다. 당연히 상대방이 좋아할 수밖에 없다. 남자들에게 인기 있는 여자는 예쁜 여자라고들 말한다. 그런데 자기 말에 긍정으로 웃어주는 여자는 예쁜 여자보다 더 매력적인 여자라고 한다. 좀 못나도 늘 웃고 있는 여자는 예쁜 여자보다 더 인기가 많다.

누가 봐도 예쁘지 않은 여자가 있다. 그런데 직업이 잘 나가는 유흥업소 사장님이었다. 한동안 그 여자를 지켜보았는데 그 여자가 성공한 이유를 알아차리는 데는 그리 긴 시간이 필요하지 않았다. 잠깐이면 알 수 있었다. 누구에게든 활짝 웃고 상대가 하는 말에 고개를 끄떡이며 긍정으로 답해주고 있었다.

유흥업소를 운영하면 힘들만도 한데 어느 자리든 누구에게든 환하게 웃어주고 있었다. 그 환한 미소 뒤에 못난 얼굴이 보이지 않았다. 나름 긍정적이라 자부하던 나 자신을 돌아보게 하는 여자였다. 진정한 승리는 그 여자의 얼굴이 아니라 그 여자의 미소였다. 상대방의 말에 긍정으로 답해주고 늘 미소를 머금고 있는 여자는 남녀노소를 막론하고 다 좋아할 수밖에 없을 것이다. 긍정적인 사람은 나쁜 말을 하지 않고 남을 비하하지도 않을 뿐만 아니라 사람을 기분 좋게 하는 에너지를 가지고 있다.

그러니 자연스레 사람들과의 관계도 좋고 신뢰도도 높다. 성공으로 가는 지름길은 당연히 긍정의 언어, 긍정적인 생각, 긍정의 행동일 것이다. 지금까지 내가 본 성공한 사람들은 대부분 긍정적인 말을 하는 사람들이었다. 긍정적인 사람들은 실패를 두려워하지 않는다. 넘어지면 또 일어나면 된다고 생각한다. 그 말이 맞다. 긍정의 언어가 몸에 밴 사람은 사람들과의 관계를 신경 쓸 필요도 없다. 그 어떤 사람도 거부할 수 없는 사람이 바로 긍정으로 똘똘 뭉친 사람이기 때문이다. 약간이라도 부정적인 생각이 찾아오면 고개를 한번 흔들고 마음을 다잡아 긍정의 나라로 끌고 가자. 그러면 반드시 내 인생에도 따뜻한 봄날이 올 것이다.

나는 믿는다. 그러므로 긍정의 언어는 언제나 옳다!

03

감사한
마음
나누기

현실이 너무 힘이 들어 어깨를 축 늘어뜨리고 지쳐 있던 어느 날이었다. 돈 때문에 힘든 나는 돈 많은 사람들이 부러웠고 나는 왜 돈이 없고 복이 없을까 하고 한탄하고 있었다. 옆에 있는 먹고 살 걱정 없는 돈 많은 언니가 나에게 말했다.

"너는 돈 빼고는 다 있잖아. 돈은 벌면 되지만 지금 가진 것에 감사할 줄 알아야 된다." 머리를 망치로 한 대 맞은 것 같았다. 맞다. 나는 가진 것이 너무 많았다. 비타민 하나 챙겨 먹지 않아도 남들보다 건강한 몸과 긍정으로 가득 찬 자신감, 잘 커준 아이들, 사랑이 넘치는 남편까지 나는 가진 것이 너무 많았다.

지금 내가 가진 것은 돈으로는 살 수 없는 것들이라 더 값어치가 높다. 이제 돈만 벌면 된다. 옛말에 돈 걱정이 제일 작은 걱정이라는 말이 있는데 현실의 벽에 가로막혀 그 말을 잊고 있었다. 가족 중에 누가 아프거나 내 몸이 안 좋기라도 하면 더 큰 낭패인데 그것도 모르고 신세 한탄에 빠져 있었다.

생각해보면 본인이 가진 것은 생각지도 않고 더 가지고 싶어 안달 내고 못 가진 것에 매달려서 불행해하고 힘들어하게 만드는 것은 어리석은 우리들의 욕심이다. 찾아보면 감사한 일이 얼마나 많은지 모른다. 감사한 마음을 나누고 매사에 감사하며 살면 더 감사할 일만 생긴다고 한다. 아무리 찾아도 감사한 일이 없다면 아침에 눈을 떠서 살아 있음을 확인한 순간을 감사하자. 시원한 공기를 마시며 숨 쉴 수 있음에 감사하자. 이렇게 찾다 보면 감사할 일이 하루에도 수백 가지나 될 것이다.

살아오면서 제일 감사한 순간이 있었는데 그 순간은 바로 장애아동 봉사를 할 때였다. 시댁이나 친정 도움 없이 연년생 아이들 둘을 혼자 독박 육아로 키우다 보니 정말 내 배로 낳았지만 미운 순간도 많았었다. 그런데 장애아동 봉사를 가보면, 우리 아이들이 비록 공부도 안 하고 말썽만 피우지만 건강하게 크고 있다는 것만으로도 얼마나 고마운지 모른다. 평상시와 다르게 봉사만 다녀오면 한 일주일은 아이들에게 잘해주게 된다. 공부하라고 닦달도 하지 않고 책 읽으란 잔소리도 안 하게 된다. 그냥 무탈하게 자라주기만을 바라게 된다. 저렇게 건강한 아이들의 엄마로 살 수 있어서 감사하단 생각에 그저 예쁘게만 보인다.

장애아동을 가진 엄마들은 엄마 개인의 인생은 없다는 걸 알았다. 아이들이 어릴 때 눈을 떼지 못하고 무슨 일을 하든, 어떤 순간이든 눈은 아이에게로 향해 있던 시절이 있었다. 장애아동의 엄마들은 아이들이 자라고 어른이 되어도 늘 그런 시절이다. 눈을 뗄 수가 없다. 그러니 개인의 시간은 더더욱 없는 것이다. 힘들다고 징징대던 나 자신을 돌아보게 된다. 돈이 아무리 많아도 장애아를 둔 집은 모든 일이 그 아이 중심으로 돌아가기 때문에 엄마뿐 아이라 온 가족이 매달려야 한다. 그나마 돈이 많다면 사정이 좀 나을 수도 있다. 그러나 대부분의 장애아동 가정의 사정은 비슷하다. 그러니 아이들이 건강하다는 것만으로도 항상 감사할 일이다.

집이 크든 작든 사랑하는 가족과 살 수 있는 것만으로도 너무나 감사할 일이다. 부모님이 건강하신 것도 감사한 일이다. 월급에 상관없이 출근해서 일할 수 있는 직장이 있다는 것도 감사한 일이다. 찾아보면 감사한 일이 천지다. 그러면 이제부터는 못 가진 것에 불평불만 하지 말고 감사한 일에 고마워하며 감사한 마음을 나누며 살아가는 것은 어떨까?

감사한 마음이 도저히 생기지 않는다면 반대로 생각해보면 된다. 옆집 남편과 사사건건 비교하며 나를 힘들게 하는 아내에게 감사하자. 그렇게 비교하며 경쟁을 시켜서 지금의 나로 우뚝 설 수 있었음에 감사하자. 옆집 아내보다 살림을 좀 못해도, 예쁘지도 않아도 그런 아내라도 가정을 지키고 있음에 감사하자. 감사한 일을 찾다 보면 아내도 남편도 이 세상에 이만한 사람도 없다 싶은 생각이 저절로 든다. 그러면 싸울 일도 화낼 일도 참아실 것이다. 그러다 보면 부부간의 관계는 자동으로 걱정하지 않아도 되는 관계가 될 것이 틀림없다.

직장에서도 마찬가지다. 나를 힘들게 하는 부장님, 과장님 다 내 마음 근육을 더 단단하게 만들어주는 고마운 사람이라 생각하고 감사한 마음을 가져보자. 말 안 듣고 안하무인인 직장 후배를 나를 참기의 달인으로 만들어주는 고마운 후배라고 생각해보면 더 감사한 일이다. 월급은 적게 주면서 일은 더럽게 많이 시키는 사장님은 나의 기술을 돈 주면서 가르쳐주는 사람이라고 생각하고 감사한 마음을 가지면 그렇게 고마울 수가 없을 것이다. 그냥 그렇게 반대로 감사하게만 생각하면 세상 사람들과의 관계는 더 편하고 훨씬 수월해질 것이다. 관계가 수월해지면 더 감사한 일이 많아질 것이고 생활이 풍요로울 것이다.

나도 지금 힘든 현실을 원망하고만 있었다면 지금 책을 쓰고 있지 않았을 것이다. 빚은 많이 생겼지만 그 빚이 또 열심히 살아야 할 이유가 되어주었다. 우리를 믿고 투자해준 분들에게 열심히 벌어서 고마운 마음과 함께 꼭 돌려드릴 것이다. 그리고 그분들이 우리 마음을 알든 모르든 상관없이 늘 감사한 마음으로 살아갈 것이다.

더 크게 성공하게 되면 우리처럼 열심히 노력하는 사람들에게 도움이 되는 사람으로 살아갈 것이다. 우리를 믿고 어려운 결정을 해주고 도와주셨던 고마운 지인들처럼.

감사한 마음으로 빚을 갚을 기회를 찾아가다 보니 어느새 나는 책을 쓰고 있다. 이렇게 책을 쓸 수 있도록 물심양면으로 도와주시는 〈한책협〉의 김태광 대표님께 너무나 감사드린다. 나는 내가 이렇게 어렵고 힘든 상황에서 책을 쓰는 작가가 될 거라는 생각은 정말 꿈에서도 하지 못했다. 그런데 우연으로 시작되어 인연이 되어주신 김태광 대표님께 드리고 싶은 감사의 마음이 너무나 커서 말로는 다 표현을 못 할 정도이다. 김태광 대표님은 25년을 경력을 가진 유명한 작가님이면서 1,100여 명의 일반인들을 작가로 만들어주신 분이다.

'성공해서 책을 쓰는 것이 아니라 책을 써야 성공 한다'는 말이 처음에는 이해되지 않았지만 지금은 너무나 공감되는 진리이다.

이 책의 다른 부분에도 김태광 대표님을 향한 감사한 마음을 전했지만 나는 정말 대표님을 만나 인생의 터닝포인트에 서게 되었으니 감사하지 않을 수가 없다. 살아가는 내내 책을 쓴 작가로 만들어준 김태광 대표님은 잊을 수가 없을 것이다. 마음이 흐트러지거나 느슨해지지 않도록 독려해주시고 때로는 채찍질해주시며 끌고 가시는 대표님이 너무 고맙다. 모든 말씀에 진심이신 대표님의 마음이 고스란히 전해진다. 표현을 이렇게밖에 못 하는 나의 글솜씨가 원망스럽기까지 하다.

감사한 마음을 나누며 살다 보면 관계에서 오는 상처나 스트레스가 없을 수는 없겠지만 많이 적을 것이다. 내 마음이 이미 감사함으로 가득해서 행복한데 무슨 불만이 생길 것이며 상처주는 말이 나온단 말인가. 상처주지 않고 상처받지 않을 수 있는 가장 좋은 방법 중에 한 가지는 감사한 마음 나누기인 듯하다. 감사한 마음을 가지면 그 누구보다 내 마음이 따뜻해지고 편해진다.

세상 누구보다 소중한 나를 위해 감사한 마음을 가져보는 습관을 들이면 좋을 것 같다. 감사한 마음이 습관이 되면 감사할 일만 생길 것이고 감사한 일이 반복되면 성공은 어느새 바로 앞까지 와 있을 것이다.

'오늘 이렇게 책을 쓸 수 있음에 감사드립니다. 책을 쓰는 작가로 만들어주신 김태광 대표님께 감사드립니다. 책 쓰는 나에게 응원 보내주고 도와주는 가족들에게 감사드립니다.'

감사할 일이 많아서 너무 감사하다.

04

만만하게
보여도
괜찮아

요즘은 폐지되어 없어진 티브이 프로그램 중에 개그 프로를 특히 좋아했었다. 내가 한 말에 사람들이 웃으면 기분이 정말 좋아진다. 개그맨들이 억지로 웃기려고 하는 것이 좀 불편한 면이 있긴 하지만 구태의연하고 뻔한 드라마를 보는 것보다 온몸으로 웃기는 개그 프로가 좋았다. 많은 사람이 모이는 장소에서도 특이하고 유머러스한 사람이 인기가 많다. 그래서인지 정확히는 몰라도 개그맨들이 미인이랑 결혼을 많이 한다. 여자들이 특히 유머러스한 사람을 편하게 생각하고 좋아하는 것 같다.

나도 어릴 때부터 유머가 많은 사람을 좋아했고 나도 그런 사람이 되려고 노력을 했었다. 일부러 웃기려는 것보다 자연스러운 생활 속의 재치 있는 유머를 지향했다. 지금은 아재 개그라 불리는 약간 촌스러운 개그를 해서 사람들을 즐겁게 하면 그렇게 행복할 수가 없었다. 처음 만나서 어색한 관계도 약간의 아재 개그 정도면 금방 자연스러워지고 친해진다. 그런데 이런 유머나 개그를 받아들이지 못하고 정색을 하는 사람도 있으니 사람 봐가면서 해야지 무턱대고 하면 더 어색해지고 곤란해질 수도 있다. 대부분의 사람은 웃고 좋아해주는데 일부 마음의 여유가 없는 사람은 그런 모습의 나를 만만하게 보고 함부로 대하는 경우도 있다. 상황에 맞게 눈치껏 잘 이용하면 이보다 더 좋은 능력도 없는 것 같다.

친구들과 취미 활동을 하고 저녁을 먹는 자리에서 한 친구의 남편과 지인들을 만났다. 친한 친구의 남편이기도 하지만 우리 남편과도 잘 아는 사이라 조심해야 하는 자리였다. 그런 어려운 자린데 생전 처음 보는 어르신들도 있었다. 친구의 남편이 접대해야 하는 중요한 거래처 사람들이라고 했다. 처음에는 어색하고 괜히 만난 것 같아 불편했다. 나는 불편하고 체할 것 같은 자리였지만 그냥 나를 내려놓기로 마음먹었다.

내가 예쁘거나 멋지게 보일 필요도 없다고 생각했기 때문에 아재 개그를 날리며 얼음장 같던 분위기를 살살 녹여보았다. 역시나 통했다. 어르신들이 신났다. 옆에서 그러지 말라고 내 허벅지를 쿡쿡 찌르던 친구도 분위기가 좋아지니 안심하는 듯했다. 조용히 하라고 말리던 친구의 남편은 엄지손가락을 치켜세우며 좋아했다. 과묵하게 팔짱 끼고 있던 어르신들이 웃고 난리가 났다. 어르신들이 나보고 오빠라고 불러 달란다. 다시 만나고 싶다고 서로 명함을 주고 맛있는 거 더 시키라고 홀써빙을 부르고 분위기가 무슨 장날 맞은 시장 분위기처럼 왁자지껄해졌다.

나는 그날 성격 좋은 언니로 점수를 많이 땄다. 친구의 남편에게 고맙다고 인사도 받았다. 나는 일부러 친구 남편에게 도움을 주고 싶어서 그런 것이 아니다. 내가 불편하고 그런 힘든 자리에서 밥 먹을 수 없어서 자발적으로 한 행동인데 서로 도움 되었다니 내가 더 고마웠다. 내가 그러지 않고 그냥 무게 잡고 밥만 먹었다면 친구의 남편도 힘들었을 것이고, 어르신들도 불편했을 것이다. 그런데 나 한 사람으로 인해 그 자리에 있던 모든 사람이 행복해졌다고 생각하니 내가 더 좋았다. 사실 제일 행복했던 사람은 나 자신이었다. 내가 말을 할 때마다 빵빵 웃어주고 즐거워하는데 좋지 않을 사람이 어디 있겠는가. 사람들을 즐겁게 하는 일이야말로 정말 행복한 일 중의 제일 행복한 일이다. 나의 수준 높은 개그를 이해하고 웃는 사람의 수준도 높아서 레벨이 맞아 너무 좋다고 했는데 뒤로 자지러진다. 나는 그날 개그콘서트를 혼자 한 프로 완성한 느낌이었다. 나 자신이 만족하여 행복이 넘치는 하루였다.

이렇게 유머나 개그는 사람들과의 관계를 부드럽게 해주고 편하게 해주는 촉매제가 된다. 사람들과의 관계가 어렵고 쉽게 상처받는 사람들의 공통점 중에 한 가지는 유머와 마음의 여유가 없다는 점이다. 과하지 않은 약간의 유머는 사람과의 관계에서 꼭 필요한 요소이다. 유머가 풍부한 사람이 성공한 사례도 많다. 성공에는 물론 학벌이나 능력도 중요하겠지만 유머 있는 사람이 어디를 가나 인기가 있고 호감을 얻기가 쉽다. 어차피 일이나 살아가는 모든 관계도 전부 영업이라고 생각한다. 무엇을 파느냐의 차이이지 파는 것은 다 똑같다. 이왕 사는 거 좀 재밌고 호감 가는 사람에게 사고 싶은 것은 인지상정이다. 사람들과의 관계에서는 나를 파는 것이다. 마음의 여유가 있고 유머까지 장착한 사람은 그렇지 못한 사람보다 잘 팔릴 것이다. 나를 잘 팔아서 편하고 좋은 관계를 유지하고 싶다면 유머러스한 사람이 되어보는 것은 어떨까?

　내가 경험해봐서 장담하는데 예쁜 여자보다 더 인기 있는 여자가 유머러스하고 재밌는 여자다. 예쁜 여자는 첫눈에만 예쁘고 오래가지 못하는데 재밌는 여자의 매력은 무한하므로 한번 빠지면 헤어 나오기 힘들다. 남자도 마찬가지다. 키 크고 잘생긴 남자는 눈을 즐겁게 하지만 유머나 재미가 없다면 금방 만만해지고 질린다. 한 마디로 매력이 겉으로 보이는 것이 다이다 보니 별로다. 재밌고 유머러스한 남자는 돈이 좀 없고 키가 좀 작아도 늘 어디를 가나 인기가 있다. 절대 만만하게 보이지 않는다. 남들을 웃기는 사람들이 만만할 것 같아도 절대 그렇지 않다. 남을 웃기는 내공은 보통 사람은 어렵다. 상대방이 만만하게 볼 거를 이미 알고 있는 고수의 수준이다. 사람들과의 그 어떤 관계에서도 마음의 여유와 유머는 절대적으로 필요한 능력이다. 이런 능력만 있다면 사람들 속에서 세상을 살아가기가 훨씬 편할 것이다.

　초등학교 5학년 때쯤이다. 한참 심형래라는 코미디언이 인기가 높았다. 나도 엄청 팬이었다. 다른 아이들은 선생님이나 대통령이 꿈이라고 하는데 나는 사실 도시에서 회사에 다니는 멋진 회사원이 꿈이었다. 또한 가지, 심형래처럼 뼛속까지 웃기는 개그맨이 되고 싶기도 했었다. 친구들이 밤마다 라디오를 들으며 조용필이나 전영록 같은 가수에게 팬레터를 쓸 때 나는 심형래에게 팬레터를 썼다. 지금 생각해도 엉뚱하고 어이없는데 그 시절의 심형래는 얼마나 기가 찼는지 나에게 친필로 답장을 보내왔다. 너무나 생생하게 한 글자도 안 까먹었다. 다 기억한다. 딱 두 줄이다.

"아직 어리니 공부를 열심히 해서 훌륭한 사람이 되어야지 이렇게 아저씨한테 편지 보내고 그러지 마라. 앞으로는 아무리 편지 보내도 돌려보낼 것이니 그리 알고 공부해라." 어리지만 진지하게 보낸 편지였다. 답장이 온 일 자체가 너무 기뻤다. 읽고 또 읽고 나에게 친필 답장이 온 것이 믿어지지 않아 여기저기 자랑하고 다녔다. 매일 밤 조용필에게 팬레터를 보내던 친구가 부러워하며 입을 삐죽거려도 아랑곳하지 않고 침 튀기며 자랑을 이어갔다. 그리고 팬레터를 보내는 일도 계속했다. 물론 수취인 거부로 다 다시 돌아왔다. 보내다가 지쳐서 그만둘 때까지 나는 심형래 같은 코미디언이 되고 싶었다.

남을 재밌게 하고 즐겁고 행복하게 하는 일은 가치가 높은 일이라고 생각했다. 그 이후로도 영화나 드라마도 코믹하고 즐거운 내용 위주로 보고 남을 웃게 하는 말들을 기억했다가 친구들에게 써먹어보기도 했다. 어른이 되어 사회에 나와서 사람들과의 관계가 엄청 힘들고 어려울 때도 개그로 분위기를 바꿔보려고 노력은 했었는데 잘되지 않았다. 그러한 나의 오랜 노력이 있어서인지 요즘은 자연스럽게 분위기를 맞춰갈 수 있는 수준이 된 것 같다. 그러다 보니 처음 만난 사람들과도 어색하지 않고 웃으며 편하게 밥을 먹을 수 있는 것이다.

사람들이 백인백색 다 다른데 맞추며 잘 지내기란 여간 어려운 것이 아니다. 그러니 어느 정도 개그나 유머를 준비하여 만나다 보면 좀 유연해지고 편해질 수도 있을 것이다. 상처 안 받고 내가 편해지는 관계를 이어가는 데 있어 좀 만만해져도 괜찮다고 생각한다. 만만하게 보인다는 것이 자존심이 상한다고 생각할 수도 있지만 거꾸로 생각하면 편안해한다는 말이기도 하다. 서로가 편해지면 관계는 좋아지고 수월해진다.

사람들과의 관계로 어려움을 겪고 있다면 책을 사서 봐도 좋고 아니면 요즘은 유튜브 동영상에도 유머나 개그로 좋아지는 관계에 대한 것이 많다. 찾아서 보고 노력하고 연습을 하여 서로가 편해지는 관계의 기술을 갈고 닦을 필요가 있다. 그러다 보면 사람들과의 관계가 행복한 관계가 되고 더 나아가 좀 만만해져서 서로 도움이 되는 관계가 되면 좋지 않겠는가.

내가 행복해지는 일인데 좀 만만하게 보이면 또 어떤가.

05

인맥이
아니라
능력을 키우자


　운명이 레몬을 주었다면 당신은 그것을 레모네이드로 만들라는 말을
들은 적이 있다. 운명은 정해져 있다고 생각하고 그 틀에 박혀 꼼짝 못하
고 헤매고 있었던 적이 있었다. 아니, 거의 그렇게 생각하고 살아온 듯하
다. 운명이라는 말은 한때 엄청 크고 묵직하고 무서운 말인 것처럼 느껴
졌었다. 그냥 두 글자의 글자로만 받아들이기엔 그 무게감이 무거웠다.
'이렇게 사는 것도 운명이다. 그 사람을 만나서 이리 되려고 그런 것이다.
그게 다 너의 운명이다.' 등등…. 나는 운명을 거스르고 내 뜻대로 당당

하게 살아가기엔 어리석고 무지했었다. 결혼 전엔 한 번도 본 적도 생각해본 적도 없는 무당이며 점집을 시어머니 손에 붙들려 몇 번 간 적이 있다. 나중에는 비싼 돈을 주고 굿도 하는 어리석고 바보 같은 행동도 많이 했다. 그러다 보니 힘들고 어려울 때마다 점집을 찾게 됐고 안 그래도 어려운 형편에 돈을 빌려 굿도 여러 번 하는 지경에 이르렀다.

그런데 그럴 때마다 위로도 되고 잘 될 거라는 희망도 생겼었다. 그런데 딜레마가 있었다. 점집을 찾고 굿을 하고 위로를 받고 돌아오는 길은 언제나 이것이 나의 운명일 것 같다는 생각이 머리를 떠나지 않는 것이다. 나는 이렇게 태어났고 앞으로도 이렇게 나의 운명 앞에 엎드려 살아가야 할 것 같았다. 한 번뿐인 내 인생이 고난의 연속이라 생각하면 가슴이 답답해서 터질 것만 같았다. 그렇지만 누구도 운명은 타고나는 것이 아니라는 말을 해주지 않았고, 나는 그렇게 운명 앞에 무릎 꿇고 허덕이고 살았다. 그러나 머릿속 한구석에는 나의 아이들에게는 운명이라는 것은 없고 나의 인생은 내가 만들어가는 것이라고 말해주고 싶었다. 지금은 안다. 아이들뿐만이 아니라 나의 인생도 운명 따윈 없고 나 자신이 만들어가면 된다는 것을. 그렇게 많은 고난의 산을 넘고 넘으면서 비로소 깨달았다. 나의 레몬은 나만의 새콤달콤 레모네이드를 만들면 된다.


큰아이의 친구 엄마이자 같은 아파트 학부모로 만난 고향이 같은 친구가 한 명 있었다. 아이를 같이 학교 보내고 키울 때도 몸이 많이 아프고 일이 잘 안되어 힘들어했었다. 친정에 할머니가 무당이었다고 신내림을 받아야 한다고 했을 때는 가히 충격적이었다. 그런데 결국은 신내림을 받고 무당이 되었다. 무당이 되어서는 아픈 몸은 나아졌지만 생활고는 여전히 심했다. 마침 그때 우리는 지금 하는 건축자재 도소매업을 시작하여 한창 잘되고 있을 때여서 앞으로 사업이 더 잘된다는 말을 믿고 집이며 신당을 구해주고 도움을 많이 주었다.


이일로 남편은 더 무당이 된 친구의 말을 믿게 되었고 힘들 때마다 운명이라 생각하며 찾게 되었다. 얼마 전까지도 한 치의 의심도 없이 친구의 말을 믿었고 지금처럼 힘들어진 상황이 다 운명이라 생각하며 받아들이기까지 했다. 정말 어리석고 바보 같은 우리 부부였다. 사업이 너무 힘들어서 직원들 월급 줄 돈뿐만 아니라 자재 살 돈도 없어서 쩔쩔매면서도 주머니에 있는 쌈짓돈 오만 원을 들고 친구의 신당을 찾아갔었다. 옆

드려 절하면서 기도했다. 제발 사업 잘되게 해달라고, 지금 이 시기를 슬기롭게 넘기게 해달라고 엎드려 울면서 기도하고 또 기도했었다. 마음은 항상 간절했는데 방법이 없었다. 그렇게 의지하고 위로받다 보니 나는 더 의지박약해져 있었고 가치관까지 흔들리고 있었다.

세상에 신은 없다고 생각했었는데 친구의 무당집을 오가며 신이 있을 수도 있고 있다면 분명히 나를 도와줄 거라 생각하며 기도했다. 운명이라는 말에 내 인생이 발목 잡힌 것이다.

사람들을 만나고 사람들 속에 살아가는 것도 운명이라 생각했다. 사람들을 만나서 관계를 이어가고 어울리는 것도 다 나의 운명으로 만나게 되었다고 생각했다. 그래서 한 명의 사람도 허투루 만나지 않았고 모든 사람들에게 진심으로 대했다. 나랑 운명으로 만났다면 분명 뭔가 의미가 남다를 것이라 생각했고 이런 관계를 잘 유지하고 살아가야 한다고 다짐하며 모든 관계에 최선을 다했다. 그런데 운명으로 생각한 사람들이 많아질수록 나 자신은 피곤하고 힘들었다. 인맥이 늘어날수록 말이며 행동도 조심해야 하고 나 자신은 점점 없어져 가고 늘 운명 앞에 최선을 다하는 로봇 같은 나만 있었다. 어느 순간부터 인맥은 부담으로 다가왔고 나의 피로도만 높아졌다.

곰곰이 생각해보니 내가 피곤한 것은 모든 사람들과 다 잘 지내야 한다는, 좋은 관계에 대한 집착에서 오는 것이었다. 이 관계에서 오는 어려움은 나의 무능력함에서 오는 자신감 결여였다. 내가 능력 있고 자신감 넘치는 멋진 사람이었다면 사람들과의 관계도 좀 수월했을 텐데 사람들 앞에서 초라해지기 싫어서 혼자 힘들어했던 것이다. 한때는 인맥이 나의 재산이라 생각하고 열심히 인맥을 쌓아갔었다. 언젠가는 이 인맥으로 보란 듯이 성공하는 것도 나의 운명일거라는 희망이 있었다. 지금도 인맥이 살아가는 동안은 도움이 되는 것도 사실이다. 사람은 혼자 살 수 없으니 사람들과 관계는 언제나 어느 순간에나 중요하다. 운명이라 생각한 그 많은 인맥들과의 관계 때문에 여전히 나는 힘들고 피곤하지만 그 인맥이 또 살아갈 수 있는 힘이 되기도 한다. 언제 어디서도 도움을 받을 수 있기 때문이다.

같은 모임에서 만난 한 사람이 있었다. 나이는 많으시지만 늘 유연하게 삶을 생각하시고 젊게 살아가시는 분이었다. 한때는 돈도 많이 벌었다고 나에게 가끔 자랑도 하시곤 했었다. 지금도 못 사시는 건 아닌데 예전 같지는 않다고 하셨지만 늘 밝고 건강하신 분이었다. 가끔 여러 명과 함께 하는 자리에서는 살아오신 연륜도 있으시고 경험도 많으시니 본인만의 생각을 열변을 토하시곤 했는데 다른 사람들은 꼰대 같다고 싫어하시기도 했다. 다른 사람들은 어떻게 생각할지 몰라도 나는 그분의 그런 고집이나 소신이 멋있어 보이기도 했었다.

회사 운영이 힘들어 쩔쩔매고 있던 어느 날 생각지도 않은 큰 주문이 들어와서 위기를 모면한 일이 있었다. 역시 신은 나를 버리지 않았구나 생각하며 한숨 돌리고 있었다. 그런데 큰 주문을 해주신 사장님께서 나에게 세상 참 잘 살아온 것 같다고 칭찬을 해주셨다. 무슨 말씀이시냐고 물으니 다른 데 주문을 하려고 했는데 그분이 오셔서 우리 회사에 주문하라고 적극 추천을 해주셨단다. 너무나 고마웠다. 그분께 전화를 드려 그런 일이 있었냐고 감사하다고 했더니 그분은 오히려 본인이 도움이 될 수 있어서 좋다고 하셨다. 본인이 도움이 된 것만으로도 기쁜 일이니 신경 쓰지 말라고 하셨다. 역시 사람은 그 어떤 사람들과의 관계도 허투루 하면 안 된다. 그분이 평소에 나에게 이런저런 말씀을 하셔도 귀찮아하지 않고 들어주고 공감해주었더니 이런 좋은 일로 나에게 돌아온 것이다. 인맥으로 인한 피로도가 이럴 때는 마이너스로 내려간다.

나의 능력을 키우는 일은 무엇보다 중요하고 필요한 일이다. 남들이 부러워하는 좋은 대학을 나오고 스펙이 높은 것도 좋다. 그러나 그런 사람들은 극히 일부이다. 일반인들 대부분은 그저 평범하고 비슷하게 살아가고 있다. 그렇다고 계속 그냥 평범하게만 살아가는 일이 맞을까?

지금 당장 가진 능력이 없더라도 우리는 얼마든지 능력을 키울 수 있고 지금보다 훨씬 나은 삶을 살아갈 수 있다. 좋은 인맥은 분명히 재산이 되고 나의 삶에 도움이 된다. 도움이 되는 인맥을 쌓고 만들어가려면 나의 능력부터 키우자. 사람은 저마다 다 타고난 능력이 무한하다. 내가 운명이라 결론 짓고 나의 능력을 한정한 어리석음을 깨닫고 운명의 굴레를 벗어던진 것처럼 누구라도 자신의 운명은 자신이 만들어가는 것이라 생각하고 본인이 가진 능력을 찾아보자. 지금까지 한 번도 생각해본 적 없는 엄청난 능력이 내 안에 용암처럼 꿈틀대며 끓고 있을 것이다.

일단, 인맥보다 내 안의 대단한 능력부터 먼저 찾아보면 운명은 좀 쉬운 단어로 다가올 듯하다. 나의 능력이 도대체 어디까지인지 알아보고 싶다. 이제는 운명이라 말하지 않고 능력이라 말할 수 있는 날이 오기를 기대해본다.

06

누구에게나
필요한
감정 쓰레기통

매일 같은 일상을 살아가는 직장인들이나 자영업자들의 삶은 어떨까?
새벽부터 출근해서 밤까지 이 눈치 저 눈치 봐가며 일하랴 다른 사람들
눈치 보랴 하루가 어떻게 지나가는 줄도 모른다. 내가 왜 이렇게 사는지
도 모르고 그냥 하루하루 그렇게 살아가는 사람도 있다. 가족을 먹여 살
리기 위해서 또는 최소한의 돈은 벌어야 생활을 이어갈 수 있으니 직장
에 다닌다. 직장 다니지 않고도 살아가는 데 지장이 없다면 어떨까? 빨
리 돈을 많이 벌어 다니는 직장 때려치우고 좋아하는 취미 생활이나 하

며 살고 싶은 생각이 하루에도 열두 번도 더 든다. 직장생활에서 가장 힘든 점은 가족보다도 더 오랜 시간을 보내는 동료들이나 선후배와의 관계이다. 일은 누구에게나 기본적으로 힘이 든다. 일이 힘든 와중에도 직장에서의 관계를 잘 유지하는 일만큼 중요한 일도 없다.

하는 일이 힘든 것은 직장생활뿐만이 아니다. 자영업이나 중소기업을 운영하는 사장님들도 마찬가지다. 어느 날은 너무 화가 나고 어이가 없어서 이럴 땐 내 감정을 던져버릴 수 있는 쓰레기통이 하나쯤 있었으면 좋겠다는 생각이 들 때도 있다.

다 버리지 못하고 집까지 들고 온 감정 때문에 가족에게 피해가 갈 수도 있으니 나만의 쓰레기통을 만들어 다 버리고 깨끗한 감정으로 퇴근하면 좋겠다. 나에게도 정말 꼭 필요한 것이 감정 쓰레기통인 것 같다.

나는 건축 현장에 필요한 건축자재 도소매 일을 십 년 넘게 하고 있다. 건물을 지을 때 기초가 되는 자재이다 보니 건축허가를 받고 집이나 상가 건물을 짓기 시작할 때 처음에 주문한다. 건축하는 일이라는 게 건물이 다 똑같지 않고 다르게 생기고 용도도 다르다 보니 주문 물량이 차이가 많이 난다. 건설 현장에서 오래 일하신 베테랑이라고 해도 주문 물량 때문에 난감한 경우가 많은데, 처음 집을 짓는 분이나 건축 초보들은 나를 난감하게 하는 경우가 많다.

주문한 물량이 맞으면 문제가 없는데 모자란다거나 남게 되면 곤란한 경우가 생기는데 그때부터 문제가 된다. 모자라면 더 가져다주면 될 것 같아도 운반비며 기사님들의 시간이며 현장 사정까지 고려해서 납품해야 하기에 일이 복잡해진다. 그런 사정을 알 리 없는 현장 사람들은 무조건 본인들 사정에 맞춰달라고 억지를 부리기 일쑤다. 그러다 보면 오히려 적자를 보는 때도 허다하다. 안 남는 장사가 어디 있냐고 하지만 남기는커녕 손해를 보는 장사를 할 때도 있는 것이다.

며칠 전에도 찰떡같이 날짜랑 시간을 다 맞춰놨는데 갑자기 전화 와서 한 일주일을 미뤄 달라고 한다. 그렇게 되면 자재를 전부 우리 하치장에 내려놨다가 다시 차를 불러서 실어다 줘야 하기에 이중으로 일하게 된다. 이거야말로 안 남는 장사가 된다. 운송비 주고 나면 남는 게 없다. 현장 사장님께 아무리 사정을 말씀드려도 막무가내고 오히려 큰소리치신다. 본인이 팔아주는데 그 정도도 해주지 못하냐고 하신다. 난감하다.

그렇지만 이미 주문한 물량이고 대금도 지불한 상황이라 할 수 없이 일을 진행했다. 그런데 이번에는 남들 다 노는 휴일에 납품해 달라고 요구를 하신다. 그러면 우리는 남는 게 없는 게 아니라 적자다. 울며 겨자 먹기로 납품을 하기는 했지만 감정이 엄청나게 소모되고 힘든 케이스였다. 퇴근하는 길에 잠깐 한숨을 돌리며 생각했다.

'아 이럴 땐 내 감정을 구겨서 버리고 싶은 감정 쓰레기통이 있었으면 좋겠다.'라고. 두 번 다시 상대하고 싶지 않은 스트레스 많이 주는 고객이다. 그러나 나는 어느새 그 고객님께 전화해서 친절하게 잘 받으셨냐고 묻고 있었다. 다음에도 또 이용해주십사고 말씀드리고 있는 나를 발견하고는 먹고 사는 일이 장난 아니라는 생각에 서글퍼졌다.

일이 너무 힘든 어느 날은 은퇴하여 시골에서 노후를 조용히 보내고 있는 사람들이 부러울 때도 있었다. 문득 나도 저렇게 살면 좋겠다고 생각이 들 때가 많았다. 사업이 한창 바쁘고 잘 나갈 때는 그런 생각을 할 겨를이 없었는데 요즘처럼 힘든 시기에는 자주 그런 생각이 든다. 애들 키워놓고 먹고 사는 문제만 해결되면 나도 그렇게 살고 싶다. 그런데 그렇게 살 수 있을까? 나처럼 사람 좋아하고 사람들 속에서 행복을 찾고 에너지를 받는 사람이 과연 사람들이 많이 없는 시골 생활이 평탄할까 싶다.

장담컨대 1년을 못 넘기지 싶다. 나는 그 정도로 사람들과의 관계 속에서 살아가는 것에 익숙해져 있다. 사람에게서 받는 상처나 스트레스보다 사람들과의 관계에서 오는 행복이 더 크다. 사람들과의 관계에서 오는 것은 사랑이든 상처든 혼자 있는 외로움보다는 낫다. 내 감정을 추스르지 못해서 오는 스트레스 때문에 힘들더라도 내 감정 쓰레기통이 필요할지언정 나는 사람들 속에 있고 싶다는 생각을 하게 된다.

내 친구 하나는 직장을 다니는데 단순노동에 시간만 때우면 따박따박 월급이 나오니 때론 따분하긴 해도 별걱정 없이 산단다. 그런데 일은 안 어려운데 직장에 같이 다니는 동료들과의 관계가 어려워서 처음엔 스트레스를 많이 받았다. 지금은 좀 나아져서 서로 편하게 지내거나 관심 없이 무덤덤하게 지내면 된다고 하지만 그래도 술자리에서 늘 같은 말을 반복하는 걸 보면 지금도 여전히 동료들과의 관계가 어려운 것 같다. 자영업을 하는 나는 거래처와의 관계가 힘들고 직장 생활 하는 내 친구는 동료들과의 관계가 힘든 것을 보면 살아가는 일 중에서 가장 힘든 것이 관계인 것 같다.

책에서나 인생을 먼저 살아오신 현인들이 말씀하시듯이 다름을 인정하고 편하게 생각하면 될 것 같아도 그게 또 그렇게 쉽지는 않다. 사람이 살아가는 일에는 참 많은 여러 필요한 요소들이 있는 것 같다. 건강하고 행복하게 사는 것이 제일 좋겠지만 태어날 때부터 금수저를 물고 나왔다면 몰라도 대부분의 사람들은 돈을 많이 벌어 잘 살고 싶은 것이 첫 번째 희망사항일 것이다. 물론 나도 그렇다. 돈을 많이 버는 일도 관계의 연속이다. 혼자서 돈을 벌 수도 있겠지만 혼자서 돈을 버는 일을 하는 사람이 얼마나 되겠는가. 아마도 미비할 것이다. 돈을 버는 일 자체가 사람들과의 관계의 연속이므로 우리의 감정을 다스리거나 상처를 덜 받을 수 있는 방법을 알려주는 강연가들이 인기가 많은 것이다. 인기가 많고 잘 나가는 강연가들이 한결같이 말씀하신다. 상처받지 않는 관계를 이어 가기 위해서는 마음 근육을 키우라고. 사람들과의 관계는 나 스스로 치유할 수 있어야 건강한 관계를 맺을 수 있다고 한다. 나의 감정이 좋아야 상대가 하는 말이 상처가 덜 되고 쉽게 소화시킬 수 있다는 말일 것이다. 그러므로 언제나 나 자신이 제일 중요하다. 나의 감정이나 기분이 나쁘지 않도록 관리를 해야 한다.

내 안에 나만의 감정 쓰레기통을 만들자. 그리하여 나의 감정이 내 마음을 힘들게 하거나 다스리기 어려울 때는 그냥 구겨서 던져버리자. 언제든 던져버리고 싶을 때 버릴 수 있는 감정 쓰레기통은 나의 감정을 더 행복하게 해주는 중요한 요소가 될 것이다. 내 안의 내가 행복해지면 관계에서 오는 그 어떤 어려움도 쉽게 해결될 수 있을 것 같다. 오늘 당장, 아니 지금 당장 우리의 감정을 행복으로 이끌고 갈 감정 쓰레기통을 만들어 더 건강하고 더 단단해진 마음 근육을 만들어보자. 감정 쓰레기통이 다 차서 비울 때가 되면 우리는 한층 더 높아지고 성숙한 감정으로 관계로부터 오는 행복을 맛볼 수 있을 것이라고 장담한다.

07

내 곁에 있는
사람 마음
알아주기

큰 꿈을 품고 시작한 사업이 오히려 큰 빚을 안기고 힘들어서 죽고 싶은 하루하루를 보내는 시기에 마음보다 더 힘든 것이 돈이었다. 매일 울리는 전화는 대부분 돈 달라는 내용이고 당장 회사에 카드 대금도 부족하고 자재를 살 돈도 없어서 머리를 쥐어뜯고 있는 날이 많아질수록 나는 지쳐가고 있었다. 그렇다고 회사를 접을 수도 없는 상황이라 더 괴로웠다. 그러던 중 마침 군대를 전역하고 복학을 기다리며 알바를 하던 아들이 배달전문점에 관한 얘기를 했다. 아들이 아직 어리지만 해보자고 하니 현실이 너무 괴로운 나는 흔쾌히 하겠다고 했다. 아들이 알바해서 모은 돈과 청년 대출을 받아서 김치찌개 배달전문점을 시작했다. 낮에는 회사 일로 머리가 터질 것만 같았지만 밤에 아들을 도와 식당 일을 하니 회사 일을 잠시나마 잊을 수 있었다.

낮에는 아들이 혼자 일하고 밤에는 퇴근한 내가 도와 둘이서 열심히 했다. 비록 몸은 바쁘고 힘들었지만 시간도 잘 가고 밥도 챙겨 먹게 되니 건강해지는 것 같아 시작을 잘했다 싶었다. 시간이 지날수록 단골도 생기고 장사가 잘되니 재미도 있었다.

나는 무엇보다 좋은 것이 아들이랑 둘이서 보내는 시간이었다. 어릴 때 말고는 함께 할 시간이 많이 없었었다. 사춘기에는 말도 제대로 안 하고 지냈고 대학교에 가면서는 바빠서 그랬고 그러다 군대 다녀오고 하니 어느새 어른이 되어 있었다. 그러다 보니 자연적으로 서로의 의견이나 대화를 나눠본 적이 별로 없었다. 나의 아들이지만 어른이 되고 보니 좀 어렵기도 하다. 그런데 둘이 저녁을 먹고 장도 같이 보러 다니고 식당 일을 함께 의논하며 지내니 너무 좋았다. 만 2년을 영업하는 내내 나는 세상에서 제일로 복 많은 엄마라는 생각을 했다. 아들이랑 둘이서 농담도 많이 하고 맛있는 거 사서 먹고 주말이나 휴일에는 녹초가 될 정도로 같이 고생하며 보내는 시간 들이 너무나 소중하고 행복했다.

그뿐만이 아니다. 아들은 회사 일로 힘들어하는 엄마에게 생활비도 대고 대출을 더 받아서 회사에도 빌려주었으며 급할 때마다 본인 통장을 털어 엄마를 도와주었다. 세상에 둘도 없는 소중하고 멋진 내 아들이다. 내가 월급을 받지 않고 일을 도와주니 급할 때 쓰라며 카드를 주었다. 물론 그 카드를 쓸 수도 없었지만 너무 안 쓰면 미안해하니 가끔씩 집에 들어갈 때 맥주를 사가는 데 쓰기도 했다. 그런 아들을 생각하면 내가 너무 미안한 하루가 있다.

바로 내 생일 날, 그날도 몹시 주문이 많아 힘든 하루였는데 생일이라고 친구들이 찾아와 맥주를 마시고 약간 취기가 올랐었다. 아들이 술 많이 먹으면 몸 상한다고 걱정을 했고 나는 그게 잔소리로 들렸다. 너무나 힘들고 어려운 현실이 갑자기 폭풍처럼 서러움으로 밀려왔고 참지 못하고 엉엉 울어버렸다.

착한 아들이 미안하다며 사과도 하고 생일 선물로 용돈도 챙겨줬는데 내 설움에 받쳐서 용돈을 길에다 던져버리고 화를 냈다. 아들이 돈을 줍지 않고 가만히 있었다. 많이 섭섭하고 화가 났을 것이다. 그런데 가만히 서서 돈을 바람에 날아가지 않게 잡고만 있지 줍지를 않았다. 아마도 아들도 울고 있었겠지. 엄마의 아픔이 마음 아팠던가 보다. 참 바보 같은 엄마다. 아니 엄마도 아니다. 나는 진짜 어린애처럼 울며 아들의 마음을 아프게 했다. 지금도 가끔 그때 생각을 하면 눈물이 난다. 아들의 그 눈빛을 잊을 수가 없다. 나는 정말 너무 후회했다. 나중에 아들에게 사과를 했고 아들은 괜찮다고 했지만 두고두고 너무나 미안해서 죽을 지경이다. 내가 왜 그랬을까 생각해보니 매 순간을 함께하고 내 마음을 알아주는 아들이 든든하고 편했나 보다. 가족이고 내 아들이니 다 알아줄 거라 생각하고 성질을 맘껏 부린 것 같다. 다른 사람도 아니고 아들이니 더 그러면 안 되는데 남편보다 더 말도 잘 통하고 오랜 시간을 같이 있다 보니 서러움이 폭발했던 것 같다. 그 이후로 아들에게는 절대 화를 낼 수도 없다. 회사에서 식당으로 오면 내 표정부터 살피고 눈치를 보니 나도 조심하게 되고 웃으려고 노력도 하게 되었다. 아들은 곁에 있는 엄마 마음을 편하게 해주려고 더 농담도 많이 하고 장난도 치고 세상 돌아가는 얘기도 들려주었다. 나에게는 백 점 만점에 이백 점짜리 아들이다. 나도 내 옆을 지켜주는 고마운 우리 아들에게 더 잘해줘야겠다고 다짐하게 된다.

가족이라는 이름으로 서로를 더 힘들게 하고 상처주는 사람들이 얼마나 많은지 모른다. 어쩌면 모든 불행의 시작이 가족으로부터라고 해도 과언이 아닌 경우가 많다.

사람의 인생을 결정짓는 성격 형성의 시기에 겪은 불행한 가족사로 힘들어하거나 어려운 형편 때문에 사춘기에 엇나가는 자식들도 허다하다. 가족이라는 이름으로 살다 보니 편하고 다 이해해줄 거라 믿고 함부로 말하고 행동하다 보니 가족이라도 남보다 못하게 지내는 사람들을 주변에도 많이 볼 수 있다. 세상에서 나의 편이 되어줄 수 있는 유일한 사람이 가족이다. 그 어떤 잘못이나 남에게 손가락질 받을 일을 했더라도 찾고 기댈 수 있는 사람 또한 가족이다. 가족은 피로 맺어진 절대로 끊어낼 수 없는 관계이다. 그러니 서로 더 사랑하고 배려하고 이해해야 된다. 밖에 나가서 힘들다고 가족에게 화풀이하면 안 된다. 나도 이렇게 힘든데 나의 가족은 얼마나 힘들까 생각하며 더 따뜻하게 안아주어야 한다. 가족의 따뜻한 위로와 격려와 사랑이 세상 앞에 더 당당히 맞설 수 있는 힘이 된다. 나의 아들이 나의 딸이 남들에게 더 사랑받고 인정받는 사람이 되어 살아간다면 그보다 더 뿌듯한 일이 어디 있겠는가. 가족 간에는 절대 상처주지 않고 상처받지 않아야 한다.

그 어떤 상황이라도 믿어주고 보듬어주어야 한다. 가족은 언제까지나 누구도 거부할 수 없는 한편이니깐. 내 곁에 있는 내 가족의 마음부터 챙겨주고 알아주고 보듬어주어야 한다. 사랑으로 가득한 마음이 있어야지만 사회에 나가서 부딪히는 관계에서도 당당하고 편하게 대할 수 있다. 가족으로부터 사랑받은 사람은 어디에서도 표가 난다. 밝고 당당하다. 나의 가족이 어디를 가든 누구를 만나든 사람과의 관계를 어려워하지 않고 살아가려면 가족의 사랑은 기본적으로 깔려 있어야 한다.

유명한 SNS스타 엄마가 있었다. 대대로 의사 집안이고 스펙도 좋고 얼굴도 예뻐서 유명한 사람이다. 그런데 알고 보니 이혼하고 혼자 아이를 키우는 싱글맘이었다. 그것까진 괜찮은데 아이가 학교를 중퇴하고 무기력증에 빠져 아무것도 하지 않고 잠만 잔단다. 몹시 걱정되지만 엄마가 할 수 있는 일은 그냥 지켜보는 것밖에 없단다. 나는 사실 살짝 약간 걱정보다는 질투가 났었다. 저렇게 잘나가는 의사이고 부족할 것 없어 보이는 여자인데 그런 가족사라도 있어야 인간적이지 생각했다. 그런데 아이보다 심각한 건 엄마였다.

이 엄마는 자신의 가족으로부터 받은 상처와 아픔을 불특정 다수인 대중에게 자신이 잘나가는 모습만을 비추면서 보상받고 있었던 것이다. 이 엄마에게는 아이의 아픔이나 슬픔이 보이지 않았다. 왜냐하면 화려함으로 감추고 있는 자신의 아픔이 더 컸으므로. 자신의 가족으로 인한 아픔이 너무 커서 아이의 아픔은 보이지도 않았던 것이다.

이 엄마는 아이를 위해 눈물을 흘리지도 않았다. 아이는 그런 엄마를 생각하며 폭풍 눈물을 흘리는데도 말이다. 두 모녀가 서로의 상처와 아픔을 보듬고 위로하며 살아갈 수 있기를 간절히 바란다.

가족이라는 이름으로 서로 얽혀 살아가고 있지만 이렇게 서로를 아프게 하며 사는 사람들이 너무나 많다. 언제나 내 곁에서 다 받아줄 것 같아도 꼭 그렇지만도 않다. 자식들은 다 크면 자신의 인생을 찾아 떠날 것이고 부모님도 세월이 지나면 내 곁을 떠난다. 지금 현재 우리 곁에 있는 남편, 자식, 부모님의 마음부터 알아주자. 내 마음 몰라준다고 투정 부리지 말고 우리가 먼저 가족의 마음을 알아주면 가족들은 자연스레 우리 마음도 알아줄 것이고 기꺼이 나의 편이 되어줄 것이다. 가족 관계부터 좋다면 다른 어떤 관계도 다 좋아질 수 있다. 내 곁에 있는 사람 마음 먼저 알아주자. 내 곁에 있는 사람이 행복하면 나도 분명 행복해질 것이기 때문이다.

# 08

# 인간관계의
# 만점은
# 50점 정도?

학교 다닐 때 백 점 맞은 기분이 어땠는지 새삼 기억하려고 하지 않아도 그냥 좋았을 것이다. 요즘은 학교에서도 점수로 아이들을 평가하지 않는다고 한다. 하지만 우리가 학교 다닐 때는 점수가 그냥 그 학생을 판단하는 기준이었다. 초등학교 1학년 들어가면서부터 백 점을 맞기 위해 부단히도 노력했다. 받아쓰기 백 점은 두말할 것도 없다. 그런데 점수 받기 제일 어려운 과목이 예나 지금이나 수학이다. 수학은 항상 우리의 발목을 잡는 과목이다. 그런데 이상하게 나는 점수에 상관없이 수학을 좋아했다. 다른 애들이 어려워하는 것을 딱 풀어내면 그렇게 성취감이 클 수가 없었다.

중학교 때 일인데 지금도 생생한 기억이 있다. 옆 반 선생님이 엄청 무섭고 대단한 수학 선생님이었다. 나는 원래 수학을 좋아하고 잘했으니 그 큰 몽둥이로 맞아본 적도 없고 오히려 선생님의 칭찬을 받는 학생이었다. 우리 담임선생님께서 아이를 출산하러 간 사이 새로 오신 멋진 남자 선생님이 우리 반 담임이 되었다. 얼굴이 하얗고 멋진 총각 선생님이시니 아이들 사이에서 인기가 많은 건 당연한 일이었다. 그런데 옆반 담임 수학 선생님께서 질투하신 건지 어떤 건지는 모르겠지만 우리 반을 유달리 간섭하고 혼을 많이 내셨다. 나는 한참 로맨스 소설과 무협지에 빠져 있는 상태라 별로 관심이 없었는데 어느 수학 시간에 몽둥이찜질을 당하는 대참사가 일어났다. 시험 문제 풀이를 하다가 칠판 앞에 나와서 문제를 풀어보라고 했는데 믿었던 내가 틀린 답을 적은 것이다.

이런 일은 흔하고도 흔한 일이고 전교 일등을 하는 학생에게도 일어날 수 있는 일이지 않은가. 그런데 수학 선생님은 불같이 화를 내며 내 궁둥이를 때리기 시작했다. 태어나서 선생님한테 그렇게 많이 맞아본 날은 그 이전도 이후도 없었다. 여자 선생님이긴 해도 키가 크고 덩치도 좋고 건강한 분이라 열정적으로 때리니 당할 재간이 없었다. 너무 억울했다. 울면서 담임선생님께 일러바쳤다. 돌아온 것은 더 처참한 복수였다. 수학 선생님은 복도에서 나를 보면서 몽둥이를 눈앞에 휘두르며 말했다. "앞으로 너는 1점 내려갈 때마다 한 대씩이다." 도대체 저 선생님은 자기 반 학생도 아닌 나에게 왜 저러실까. 갑자기 나를 수학올림피아드라도 내보내시려고 그러시나? 아니면 무슨 수학의 천재적 재능이라도 발견하신 건가? 나는 오만가지 생각이 다 들었다.

답을 찾진 못했지만 그 이후로도 영문도 모른 채 계속 수학 선생님의 미움을 한몸에 받았다. 그러다 보니 꾀가 났다. 다음 시험부터라고 했으니 처음부터 점수가 낮으면 올리기만 하면 되니 맞을 일이 없을 거라 생각했다. 과연 나는 다음 시험에 50점을 받았다. 기대를 잔뜩 하신 수학 선생님은 배신당한 나의 점수에 허탈해하며 오히려 웃었다.

지금 생각해보면 우리 담임선생님과 남녀 간의 무슨 관계로 인한 사소한 오해나 문제가 있지 않았을까 싶다. 그렇게 쉽게 넘어갈 일인 줄 알았다면 나는 시험이라도 잘 쳤을 건데 나만 손해를 본 것 같다. 아무튼 지금도 생생한 궁둥이의 아픔이 점수로 답한 나의 억울함과 함께 기억난다. 수학 50점은 나에게는 치명적인 점수였다. 수학에서라도 점수를 잘 받아야 평균 점수가 조금이라도 올라갈 것인데 난감하다.

수학 선생님과 우리 담임에게는 무슨 일이 있었던 걸까? 그 후로도 나는 수학을 잘하긴 했지만 학년이 올라갈수록 어려워지고 흥미도 잃어 한때 꿈꾸었던 수학 선생님의 꿈을 접었다. 인간관계도 점수로 매긴다면 어떨까? 종종 질문할 때도 답하기 어려워하는 경우에는 점수로 답을 하라고 말하는 버릇이 있다. 예를 들어 친구에게 '이 옷 어때?'라고 물었을 때 우물쭈물하면 점수로 몇 점이냐고 묻는다. 점수로 답을 들으면 이해가 편할 때가 더 많다. 그렇지만 인간관계는 점수로 매기기가 좀 어려울 수도 있겠다. 상황에 따라 다르고 관계에 따라 다르기도 하니 점수는 시시때때로 변할 수도 있고 내 감정 상태에 따라 다를 수도 있다. 그래도 꼭 필요한 점수가 있다면 가족과의 관계는 70점 이상은 되어야 할 것 같다. 백 점 만점에 백 점이면 더할 나위가 없겠지만 사람은 다 생각이 다르고 원하는 바가 다르니 아무리 꼬맹이 아이라도 백 점은 어려울 듯하다. 아이하고 소통을 잘해서 좀 후하게 주더라도 80점 정도면 잘하고 있는 듯하다. 연인이나 부부간의 관계는 좀 더 애매한 것이 어떤 때는 백점 이상이었다가 어떤 때는 30점도 안 됐다가 감정에 따라 점수가 춤을 춘다. 그래도 항상 기본적으로 50점 정도는 될 수 있도록 서로 노력해야 한다. 50점 이하로 내려가서 30점이나 40점 정도를 왔다 갔다 하면 언제든 깨질 수 있는 위험한 관계가 될 수도 있다. 직장에서나 친구들과의 관계에서는 너무 높은 점수를 기대하면 안 된다. 늘 좋은 관계를 유지한다는 것은 곧 나의 스트레스와 상처로 이어지기 때문에 적당한 선을 그어놓고 적당히 한 50점 정도로만 유지할 수 있다면 아주 잘하고 있는 것이다. 점수를 매기고 그에 따른 대응을 한다면 좀 재밌을 것 같기도 하다.

나보다 여섯 살이 많은 바로 위의 오빠가 있다. 큰오빠에 비해 결혼도 늦게 하고 철이 안 들어 나랑 사소한 일로도 티격태격하는 오빠다. 나는 이 오빠와의 점수는 50점을 유지하려고 애를 쓴다. 조금만 점수가 올라가도 바로 싸움이 나기 때문이다. 나이 차는 좀 나도 바로 위의 오빠다 보니 클 때부터 많이 싸웠다. 늘 장난치고 늙은 엄마를 놀리는 재미로 사는 철딱서니 없는 오빠다. 술 먹고 엄마 아버지 속도 어지간히 썩였다. 어릴 때는 말도 잘 듣고 착했다는데 믿어지지는 않는다. 아홉 살 때 할머니를 돕다가 물이 펄펄 끓는 솥에 빠져서 피부가 다 망가졌다. 치료를 받느라 학교를 제대로 못 다니다 보니 공부와는 담을 쌓았다. 오랜 치료에도 피부 화상은 심해서 우울한 어린 시절을 보냈다. 참 안타깝고 슬픈 일이다. 그래도 특유의 밝은 성격 덕분인지 항상 즐겁게 산다. 사정이 그렇다 보니 장가를 못 가서 우리 아이들의 놀림감이 되기도 했다. 지금은 늦게나마 아버지 장례식에 온 동창을 만나 행복한 결혼 생활을 하고 있다.

죽을 때까지 지금처럼 행복했으면 좋겠는데 요즘은 몸이 여기저기 아프다 해서 걱정이다. 예전에는 나랑 정말 많이 싸웠다. 엄마를 놀려먹는 오빠가 밉기도 했었다. 엄마를 놀리고 장난해도 엄마는 늘 웃으시며 다 받아주는 것도 싫었다. 친정 식구들이 만나는 날이면 오빠와 나의 대화 때문에 온 가족이 웃는다. 그러다가도 어느 정도 선을 지키지 않으면 바로 싸우기 때문에 항상 조심해야 할 정도다. 내 눈에는 꼴통 같은 오빠지만 건강하고 행복하게 잘 살았으면 좋겠다. 오빠와의 관계 점수는 50점을 넘기지도 모자라지도 않도록 내가 잘 지켜야 우리 가족에게 평화가 온다.

사람들과의 관계를 점수로 매겨서 관리한다는 게 어쩌면 좀 웃긴 일이라고 생각할 수도 있다. 하지만 나는 그렇게 생각하지 않는다. 서로 좋은 관계를 맺고 살면 좋지만 그렇지 못하다면 어느 정도의 점수 선을 정해놓고 그 기준에 맞게 대처하면 관계가 좀 수월해질 듯하다. 너무 높은 점수를 유지하려고 애쓰지 말고 적당히 한 50점 정도만 유지하면 그 누구와의 관계도 어렵지 않을 수 있다고 본다. 수학도 너무 잘하는 것보다 50점을 받으니 내가 편해지고 더 이상 궁둥이 찜질을 안 해도 되었듯이 말이다. 작은오빠와도 50점 정도로 지내니 온 가족의 평화를 지킬 수 있었던 것처럼 말이다. 사람들과의 관계에서 어려움이나 상처를 받는 일이 생길 때마다 내 마음속으로 정해놓은 점수를 떠올리며 적당히 잘 극복하기를 바란다. 가장 좋은 점수는 백 점 만점에 50점 정도를 추천한다.

5장

진심은
언제나
—
통한다

01

나를 낮추면
내가 더 높아지는
이상한 관계

일일이 장을 봐서 요리하지 않아도 손가락만 까딱하면 맛있는 요리가

종류별로 배달되는 편리하고 스마트한 세상이다. 혼자 아니면 둘이 사

는 가족 형태가 많다 보니 혼자의 생활이 편하고 자연스럽다. 비단 도시

젊은이들만의 이야기가 아니다. 지방도시나 시골에도 요즘은 혼자 생활

하는 것에 익숙해하고 혼자의 삶을 편안해하는 사람들이 많다. 앞으로는

더 많아질 것이고 대부분이 혼자의 삶을 인정하고 살아가야 할 듯하다.

혼자 산다는 것은 어쩌면 외로울 것 같아도 오히려 더 강해지고 외로움

이란 것을 모르고 살 수도 있다. 아내가 없으면 굶어야 했지만 혼자 살다 보면 처음엔 잘 못 했어도 점점 실력이 늘어서 요리하는 수준이 될 수도 있다. 결혼이 늦은 싱글들도 결혼을 안 하는 이유 중 한 가지가 전혀 불편함을 못 느끼고 혼자 잘 살기 때문이다. 먹고 사는 문제만 해결되면 약간의 외로움은 가족에 대한 책임감과 바꾼다고 생각하면 된다. 그래서인지 예전엔 재혼 소식도 많았는데 요즘은 그냥 연애만 하고 결혼은 안 하는 추세이다. 코로나 시대를 겪으면서 격세지감을 많이 느꼈다. 내가 전혀 모르는 세상이 앞으로 더 빨리 다가오고 있다는 걸 몸으로 알아차렸다.

코로나가 우리 삶의 많은 부분을 바꿔놓았다. 나는 늘 먹는 것에 진심이라 싱싱하고 좋은 재료를 제철에 구입해서 요리해서 먹는 것을 좋아한다. 물론 가족뿐만 아니라 친구나 지인들과도 나눠 먹는 걸 좋아하고 심지어 회사직원들 점심도 내 손으로 차려서 먹이는 사람이었다. 그런데 아들이 김치찌개 배달전문점을 차리면서 많은 새로운 사실을 알게 되었다.

그렇게 하는 것이 다 좋은 것만이 아니었다. 요즘 사람들 입맛은 좋은 재료로 재료 본연의 맛을 살려서 요리로 만들어주는 것보다 각종 조미료나 향신료를 넣어서 색깔부터 맛까지 자극적인 것을 좋아한다. 매운 떡볶이나 불닭 같은 안 그래도 매운 음식에 더 매운 소스를 뿌려서 먹는다. 한 입만 먹어도 불이 날 것 같은 매운 음식이 불티나게 팔린다. 김치찌개를 배달시켜 먹는 일도 신기했는데 주문서에 맵게 혹은 아주 맵게 해달라는 요청사항이 많았다. 그럴 때마다 청양고추를 눈이 따갑도록 썰어서 넣어주면 리뷰에 별 다섯 개가 올라온다.

대부분 혼자 살거나 부부 둘이서 사는 집들이 단골이다. 집에서는 아예 밥을 해먹지 않고 매운 음식을 배달시켜서 먹는다. 처음에는 내가 만들어 팔면서도 참 이상한 사람들이라 생각했었다. 그러나 이제 알게 되었다. 부모님과 형제들과 왁자하게 부딪히며 밥을 먹을 땐 그 따뜻한 분위기와 사랑으로 속이 꽉 차서 자극적이지 않은 밋밋한 배추된장국만으로도 배가 불렀다. 그러나 혼자 살면 아무리 먹어도 배가 차지 않는다. 이상하게 배는 부른데 속이 허하다. 그러니 더 자극적이고 더 매운 것을 찾게 되는 것이다. 이런 악순환의 날이 이어지니 살은 찌고 속은 허하고 더 매운 음식을 먹어 건강까지 해친다. 나는 그런 사람들이 딱해서 될 수 있으면 좋은 재료로 조미료 넣지 않은 음식을 만들어주려고 애를 썼다. 몇 가지 안 되는 반찬이라도 집에서 엄마가 해준 것 같은 맛을 내려고 노력했다. 나의 마음이 전해졌는지 어쩐지는 몰라도 매일 문만 열면 장사는 잘 되었다. 주말에는 밥 먹을 시간도 없었다.

식당 일이라는 게 잔일이 많고 준비할 것이 많다 보니 힘은 들었지만 손님들의 집밥처럼 맛있다는 리뷰에 너무 감사해서 또 힘을 내곤 했다. 아들이 일을 보러 간 사이 들어온 주문이 위치가 가까운 곳이라 배달비도 아낄 겸 한가한 시간이고 해서 직접 배달을 갔었다. 손님이 너무 맛있게 먹고 있다고 음료수를 선물로 주시는데 음료수 대신 감동을 먹고 말았다. 손님이 돈을 내고 사 먹는 입장이니 조금만 입맛에 안 맞아도 난리를 치는 손님도 많다. 그런데 이렇게 고맙게 인사하고 선물까지 주시니 너무 감사해서 다음부턴 뭐라도 하나 더 챙겨 드려야겠다고 생각했다.

배달 온 사람에게 친절한 사람은 많이 없다. 그냥 당연하게 생각하고 감정 없이 대한다. 다 먹고 맛이 없다고 오리발 내미는 손님들도 많다. 그래서인지 나는 그날 그 손님에게 받은 친절이 오랫동안 잊히지 않았다.

그 손님은 비록 작은 집에 살고 비싼 요리를 시킨 것도 아니었지만 존경이 절로 나오는 사람이었다. 사람들의 본성에는 나보다 초라해 보이거나 약해 보이는 사람에게는 내가 더 높아 보이고 싶은 욕망이 있다. 남보다 나아 보이는 나 자신을 추구한다. 돈 많은 사람들이 명품자랑을 하고 가진 돈을 은근슬쩍 자랑할 때 느끼는 우월감은 말로는 설명이 안 되는 그 무엇이 있다. 잠깐이었지만 나도 한때는 그런 때가 있어봐서 안다. 물론 그렇게 계속 살 수만 있다면 남보다 우월하게 산다는 것만큼 멋진 일이 없다. 그러나 인생사 새옹지마, 언제 무슨 일이 일어날지는 아무도 모른다. 나를 낮추고 상대를 추켜 세워주는 인격을 가진 사람이라면 사람들과의 관계는 두말할 것도 없을 것이다. 상대방을 높이는 일은 내가 낮아지는 일이라 생각하게 되는 것이 보통의 마음이다. 하지만 그렇지 않다. 나를 높여주고 칭찬하는데 기분 나쁠 사람이 어디 있겠는가. 돌아오는 말 또한 나를 높여주고 칭찬해주는 말들뿐일 것이다. 나를 낮추는 일은 생각보다 어렵지 않다. 내가 낮아진다는 생각을 버리고 상대방을 존중하고 칭찬해주면 된다.

'개인주의가 팽배한 앞으로의 세상에서도 사람들과의 관계가 힘들고 어려울까.' 하는 의문이 든 순간이 있었다. 사람들과 많이 안 부딪히고 살다 보면 관계를 맺고 살아갈 일이 많이 없으니 나 자신만 신경 쓰고 살면 되지 않나. 혼자 밥 먹고 혼자 여행 가고 혼자 일하고 혼자 생활하는데 사람들과의 관계에 대해서 생각할 필요가 있을까. 산속에 살고 있지 않아도 우리는 자연인처럼 군중 속에 혼자 살고 있는 것인가. 세상이 그렇게 빠르게 변하고 있다면 따라가야 하는 걸까.

나는 그냥 남들처럼 살지 말고 내 스타일 대로 살면 어떨까. 좋은 제철 재료로 재료 본연의 맛을 살리는 요리를 해서 먹고 살자. 조미료와 향신료 뿌리지 않은 담백한 음식을 먹자. 입이 얼얼한 매운 음식보다 혀끝이 알싸한 깔끔한 요리를 먹고 살자. 사람들과 어울려서 마음도 나누고 음식도 함께 하며 살자. 사람들과의 관계에서 오는 어려움은 내 마음의 여유로 치유하며 살자. 모든 관계의 시작은 나에게서 비롯된다. 관계없이 살지 말고 관계 속에서 살아야 행복도 사랑도 생긴다. 군중 속에서 섬처럼, 자연인처럼 살지 말고 군중 속으로 들어가서 어울려서 살아야 한다.

혼자 외롭지 말고 여럿이서 마음을 나누고 작은 친절이라도 베풀고 살

자. 독야청청 서 있는 멋진 소나무보다 수풀 속에 표나지 않는 참나무처럼 마음을 주고받으며 살아야 비로소 행복해질 수 있다. 혼자 매운 음식 먹지 말고 누구하고라도 함께 담백한 음식을 먹으며 살자.

　나 자신을 살짝 내려놓고 용기를 내어보자. 귀찮지만 친구나 가족과 자주 시간을 보내고 허해진 마음을 채워보자. 칭찬 거리가 없어도 기어이 작은 칭찬이라도 찾아내서 한 마디 던져주면 상대방은 내가 준 마음의 두 배 이상은 반드시 돌려준다. 상대방을 높여주고 나를 낮추면 오히려 내가 더 높아지는 고수가 되어보자. 그렇게 관계를 이어가면 가족이든 친구든 연인이든 모두가 편해지는 좋은 사이가 될 것이다. 더 이상 매운 음식에 '더, 더, 매운'을 추가하지 않아도 될 것이다.

02

내 마음
먼저
들여다보겠습니다

요즘 사람들은 건강과 재테크에 관심이 많다. 백세시대이지만 오래 사는 것보다는 건강하게 사는 것을 지향한다. 물론 건강하게 오래 살 수만 있다면 이보다 좋을 순 없지만 말이다. TV만 켜면 넘치는 건강프로그램이며, 유튜브 동영상도 건강에 관련된 동영상이 넘쳐난다. 어떤 때는 의학박사가 나와서 하는 말인데도 저 말이 근거가 확실하고 맞는 말일까 하고 의구심이 생길 때도 있다. 듣도 보도 못한 건강 상식과 다이어트 재료가 두 눈과 귀를 사로잡는다. 나만 건강을 안 챙기는 것 같아 걱정이 될 때도 있다. 아무튼 넘치는 건강 정보에 몸에 좋다는 온갖 영양제가 백세시대가 아니라 이백세 시대도 끄떡없을 것 같이 쏟아져나온다. 바야흐로 건강염려시대이다. 그래서 나도 요즘은 비타민 한 알 정도는 먹어야겠다고 다짐은 하는데 어릴 때부터 알약에 대한 트라우마가 있어서 그마저도 여의치 않다. 큰 병 없이 건강하게 살 수 있도록 낳아주신 부모님께 늘 감사하며 산다.

어린 시절에는 아버지가 술을 드시는 게 싫었었다. 술을 드시고 일장 연설하는 것도 싫었지만 무엇보다 건강을 해치실까 걱정이 되었다. 그래서 나는 술 못 마시는 남자랑 결혼해야겠다고 다짐을 하기도 했었다. 그 다짐은 이루어져서 남편은 술을 한 방울도 못 마신다. 선천적으로 간이 안 좋아서 술을 해독을 못 하기 때문에 술을 마시면 거의 기절각이다. 처음에 장가와서는 술을 못 마셔서 애를 먹었다. 술 좋아하는 사촌오빠들이랑 형부들 때문에 도망 다니느라 차에서 잔 적도 여러 번이다. 친구들과의 모임이나 사회생활에서도 술을 못 마시니 내가 술 상무다. 술 안 마시고 성실하고 사람 좋아서 결혼했는데도 여전히 우리 집은 술과의 전쟁 중이다. 왜냐하면 부전여전이라고 내가 술을 좋아하기 때문이다.

나는 내가 술을 잘 먹고 좋아하는 줄 몰랐다. 그런데 남편 대신에도 마셔주고 힘든 세상사에 지칠 때 한 잔 두 잔 마시다 보니 어느새 술꾼이 되어 있었다. 웬만한 여자들하고는 마셔도 취하지도 않는다. 얼마 전 돌아가신 아버지가 그런 나를 보고 눈을 동그랗게 뜨고 물어보셨다. "니도 술 마실 줄 아나?", "나는 아버지 딸이라 그런지 술이 잘 안 취하던데?" 아버지는 껄껄 웃으시며 한 번씩 병중에도 "정아, 아버지랑 소주 한잔하까?" 하셨다. 그런 아버지가 너무 따뜻하고 인간적이어서 눈물이 났다.

지금도 가끔 소주 한잔 생각나면 아버지가 떠오른다. 유달리 나를 예뻐해주시던 아버지가 "정아, 소주 한잔하까?" 하시면 나는 맛있는 안주 사 들고 열 일 제쳐두고 달려가서 아버지랑 한잔할 텐데…. 그렇게 나에게는 술은 소울메이트 같은 존재다. 남들이 들으면 정신 나간 소리 같지만 나는 그렇다. 그렇다고 너무 마셔서 병원에 입원하고 그런 정도는 아니다. 한때는 그 정도로 마신 시절도 있었지만 요즘은 그냥 약간 즐기는 정도다. 남편과 아이들은 건강 때문에 걱정을 많이 하는데 건강을 해칠 정도는 아니고 그저 기분 좋을 만치 마신다. 나는 술을 마시면 기분이 좋아지고 텐션이 올라간다. 그래서 시끄럽고 목소리도 커진다. 많이 웃고 즐겁다. 나는 그런 내가 좋다. 큰소리치고 밝고 멋지게 살고 싶은데 힘든 현실 앞에서 작아지고 쪼그라지는 내가 싫다. 남편이 왜 이렇게 술을 많이 마셨냐고 하면 나의 대답은 항상 같다. "많이 안 마셨는데?"

남편은 물론 내 건강이 걱정되어서 하는 말이지만 나는 가만히 앉아서 걱정하는 것보다 술을 마시고 웃어버리고 싶다. 술이 몸에 꼭 나쁜 것만은 아니다. 오히려 약이 될 수도 있다. 술과 친구와 함께 즐거운 시간을 보내는 것이 내 건강에는 더 유익하다는 것을 나는 안다. 내 마음이 행복하고 즐거워야 내 건강도 좋아질 것이다. 정신이 몸을 지배하니 당연한 결과다.

남편은 마음이 따뜻하고 좋은 사람이다. 그 좋은 사람 타이틀 때문에 내가 힘든 적이 한두 번이 아니다. 지금의 현실도 마찬가지다. 남편을 욕하고 원망하는 게 아니다. 그렇게 착하고 좋은 사람이니 내가 선택한 것이다. 그런 성격 때문에 사람들에게 당하고 사는 것이 힘들다. 남편과는 부부 이상으로 전우애가 있다. 둘 다 어린 나이에 결혼해서 지금까지 함께 일하고 아이들 키우며 동지로 살아왔다. 이제 더는 세상 앞에서 무너지지 않고 당당해져야 하는데 다시 또 넘어졌으니 일어나는 일이 숙제다.

　나는 이제 더 강해질 것이다. 지금까지 쌓은 경험과 노력이 헛되지 않게 더 강해져서 더 이상 내 마음 다치지 않고 당당하게 살아가고 싶다. 다른 사람 때문에 흔들리거나 넘어지지 않도록 내 마음 먼저 들여다보고 내 마음 먼저 챙겨야 한다. 내 마음이 단단해야 다시 일어나서 두 손 번쩍 들고 만세를 부르며 웃을 날이 온다. 세상에 지치고 힘들 때 나를 위로해주는 아버지의 소주 한잔처럼 따듯한 남편의 마음을 다시 한번 믿어보자. 나의 가장 소중하고 큰 재산인 나의 아들과 딸이 있으니 다시 한번 일어나서 행복을 노래해보자. 힘든 내 마음을 내려놓고 맘껏 웃을 날만 생각하자. 힘든 현실 앞에 무릎 꿇지 않고 더 씩씩하게 나아갈 수 있도록 다른 사람 누구보다도 내 마음 먼저 들여다보아야 한다. 내가 없는 이 세상은 없는 것이니깐. 더 많은 사람들과 좋은 관계를 맺으며 즐겁고 행복한 인생을 살아가자. 절대 상처받지 않을 건강한 내면과 뽀빠이 팔뚝처럼 단단한 나의 마음이 있다면 내 인생의 건강 날씨는 언제나 맑음일 것이다.

　건강하고 오래 살려면 돈이 있어야 한다. 그래서 요즘은 남녀노소를 불문하고 재테크를 한다. 여러 가지 재테크 방법이 있지만 나는 주식이나 요즘 핫한 비트코인 같은 것은 좀 어렵다. 돈이 아니라 숫자 놀이 같아서 눈이 핑핑 돌아간다. 주변의 사람들이 다 한다 하니 나도 좀 해봤다. 결코 쉬운 일이 아니었다. 돈을 잃지 않은 것만이라도 그나마 다행이라 생각했다. 큰 부자들은 다 부동산으로 돈을 벌었다는데 나는 운이 없었는지 부동산을 보는 눈이 없었는지 돈은 못 벌고 손해를 많이 봤다. 그래도 다시 도전해보고 싶은 종목은 부동산이다.

요즘은 새로운 꿈이 생겼다. 책을 쓰면서 생긴 꿈인데 멋진 강연가와 유튜버가 되는 것이다. 지금 운영하는 회사 일밖에 모르던 내게 이렇게 멋진 꿈들이 새로 생기고 보니 마음이 들뜨고 기대된다. 빚더미 현실에서 새로 꾸는 내 꿈들이 나를 다시 일어나서 살게 한다. 앞으로 3년 안에 나는 내 꿈을 이루고 환하게 웃을 것이다. 나의 재테크는 나의 꿈을 현실로 만드는 것이다. 남들이 들으면 웃겠지만 나는 지금 내 꿈을 위해 한 발짝씩 앞으로 나아가고 있다. 이제 술로 풀던 나의 즐거운 인생 놀이를 꿈을 실현하는 일로 바꾸어가고 있다. 백세까지는 안 살더라도 사는 날까지 건강하게 내가 하고 싶은 일을 하며 살고 싶다. 지금 드라마를 볼 시간에 책을 읽고 친구들과 술로 나누던 인생 이야기를 책으로 쓰며 나의 인생 3막을 준비하는 요즘이 너무 행복하다.

책을 쓰면서 나는 나의 지난날을 돌이켜보는 귀한 시간들을 가졌다. 나는 참 치열하게 열심히 살았고, 나름 즐겁게 살았고 사랑이 많은 사람으로 살았었다. 내 마음도 한 번 들여다보았더니 상처도 아픔도 많았지만 잘 이겨내고 견뎌서 지금은 누구보다 행복과 감사를 아는 따뜻한 마음이 되어 있었다. 지금 사는 것이 답답하고 관계가 힘든 분이 있다면 책쓰기를 강력 추천한다. 이만한 재테크도 없는 것 같다. 내가 좋아하는 술도, 아버지도, 남편도, 아이들도, 꿈도, 재테크도, 건강도 생각하지 않고 앞만 보고 살던 나였지만 책을 쓰면서 다시 생각하고 반성하고 달라지는 나 자신을 발견했다. 더 달라지고 매일 성장하는 내가 되기 위해서는 오늘도 나는 일단 먼저 내 마음 먼저 한번 들여다보고 가겠습니다.

03

다른 사람의
칭찬과 인정에
휘둘리지 않기

"아무리 가까운 길이라도 가지 않으면 닿을 수 없고, 아무리 쉬운 일이
라도 하지 않으면 이룰 수 없다." 언젠가 『채근담』에서 읽은 문구이다. 아
무것도 하지 않으면 아무것도 이룰 수 없는 것이 당연한 이치이다. 새해
가 되면 올해에 이룰 계획들을 잡는다. 그러나 매년 거의 비슷한 내용이
다. 왜 우리는 같은 계획을 매년 잡을까. 매년 계획해도 실행이 안 되었
으니 또 잡는 것 아닌가. 적금 넣기, 다이어트, 금연 등은 늘 같은 레퍼토
리의 신년 계획이다. 하지 않으니 이룰 수가 없다. 나도 일기 쓰기를 매

년 계획했었는데 며칠만 적다가 놔둔 노트가 여러 권이다. 조금 가다가 가지를 않으니 닿을 수가 있나.

올해에는 하루에 세 가지 이상 나와 가족을 칭찬하기와 감사하기를 계획했었다. 그런데 지금은 잘 지켜지지 않고 있다. 원래 뭐든 시작은 잘하는데 마무리가 잘 안 된다. 그래도 잘하고 있는 한 가지는 책 쓰기다. 내가 생각해도 내가 대견하다. 할까 말까 고민도 많이 했지만 시작하기를 잘했다 싶다. 재미있기도 하고 책을 쓰는 시간은 행복하다. 나의 이야기를 책에 쓴다는 것은 많은 용기가 필요한 일이다. 그래도 거짓 없이 지난날의 이야기와 현재 나의 생각을 글로 적어보니 나도 좀 괜찮은 사람이라는 생각이 든다. 지푸라기라도 잡는 심정으로 글을 쓰고 있지만 진심으로 나의 이야기를 다 적고 있지는 않다는 느낌이 드는 것은 아직 나를 다 내려놓지 못하고 약간의 포장을 하고 있는 것 같기 때문인 듯하다. 그것 또한 나라는 사람이니 할 수 없다. 그동안은 주변 사람들에게 많이 휘둘리고 갈팡질팡하는 어려움도 있었는데 책을 쓰면서 정리가 좀 되는 것 같다. 지금 너무 간절한 나의 마음을 다 표현하지 못하는 나의 글솜씨가 원망스러울 뿐이다.

보험회사에서 영업일을 하고 있는 잘나가는 김 모 양이 있다. 보험 영업을 한 지가 꽤 되어 고객도 많고 연봉도 높아 업계에서는 인정받는 사람이다. 나는 김 모 양을 볼 때마다 그녀가 영업을 잘해서 그런지 사람들과 참 잘 지내는 것 같다고 생각했다. 늘 웃는 얼굴이고 밝은 미소를 장착하고 있어서인지 힘든 일이 없을 것 같았다. 얼굴이 예쁘고 안 예쁘고를 떠나서 늘 웃는 얼굴이라 보기도 좋았고 닮고 싶고 본받고 싶은 표정이라 생각했다. 늘 웃고 있는 밝은 표정 때문에 일이 잘된다고 생각했고 그런 그녀가 부럽기까지 했다. 그러나 어느 날 알게 된 충격적인 반전이 있었다. 그렇게 밝게 웃고 있는 그녀의 모습 뒤에는 밤마다 잠을 못 자는 불면에 시달리는 어려움이 있었다.

사람들의 지나친 칭찬과 인정이 그녀를 쉴 수도 없고 잠을 잘 수도 없는 사람으로 만든 것이다. 일을 잘한다 잘한다고 하니 쉴 수도 없고, 사람들이 웃고 있는 얼굴을 칭찬하니 슬퍼도 힘들어도 울거나 찡그릴 수도 없었던 것이다. 그녀는 밤마다 잠을 못 이루니 건강이 나빠졌다. 온몸에 염증이 많아 여기저기 안 아픈 데가 없다. 아무리 아파도 사람들을 실망시키는 일은 본인이 용납이 안 된다. 그래서 매일 주말도 없이 출근한다.

노력한 만큼 돈도 많이 번다. 이제는 건강을 챙길 법한데 사람들의 칭찬과 인정을 포기할 수 없어 오늘도 열심이다. 나는 가끔 그녀에게 하루쯤 아무것도 안 하고 쉬어보면 어떠냐고 충고를 했다. 그러나 그녀는 절대 쉬지 않는다. 집에 있어도 집에서 할 수 있는 일을 한다. 대단한 그녀이긴 한데 한편으로는 안타깝기도 하다.

사람들의 칭찬과 인정을 받아본 사람들은 안다. 그것이 얼마나 큰 부담이고 스트레스인지. 김 양도 엄청 힘들 것이다. 그렇지만 언젠가는 내려놓고 자신을 돌아보고 쉴 수 있는 시간이 있었으면 하는 바람이다. 연예인들이 지금도 예쁘지만 자꾸 성형을 하는 이유도 대중들이 본인의 늙어가는 얼굴에 실망할까 두려워 그런 것이다. 칭찬은 고래도 춤추게 한다고 하지만 지나친 칭찬과 기대는 집착으로 몰고 갈 수도 있다. 칭찬을 받는 일은 누구에게도 정말 기쁜 일이다. 직장에서 인정받는다는 것만큼 행복한 일도 없을 것이다. 남들로부터의 인정도 좋지만 본인만의 성취감도 대단하다. 그러나 더 힘들어지기 전에 칭찬과 인정에 휘둘리지 않고 자기만의 페이스를 찾는 것이 중요하다. 몸과 마음이 지쳐 어느 순간 쓰러질 수도 있다. 본인의 기준을 세우고 어떠한 말에도 흔들리지 않고 휘둘리지 않고 본인만의 길을 가기를 바란다. 그러다 보면 쉽게 지치지 않을 것이고 쉽게 쓰러지지 않을 것이다.

나는 매년 새해에 계획을 세우듯이 매일 저녁 다음 날 계획을 세우고 같은 말을 반복한다. 내일은 잘 된다. 내일은 더 잘 된다. 매일 같은 말을 반복하고 다 해결된 상황을 상상한다. 어떤 날은 너무 힘들어 다음 날이 오지 않았으면 하는 날도 많았다. 매일 내 눈앞에 해결해야 하는 돈 문제가 있고 반복되는 일상으로 지쳐 쓰러질 것만 같다. 하지만 내 어깨 위에 있는 짐이 아무리 무거워도 지금은 내려놓을 수도 없다. 이렇게 힘든 현실을 살고 있으면서도 매일 행복과 희망을 노래한다. 나는 내가 생각해도 참 대단한 여자이다. 물론 나보다 더 힘든 사람도 많겠지만 나는 지금 최선을 다하여 이겨내고 있다. 남자들이 하는 건축 현장에 철근을 팔면서 생계를 이어가고 있고 책을 쓰면서 미래를 꿈꾸고 있다. 머지않은 미래에 나는 반드시 지금의 일을 웃으며 지난 경험으로 말하고 있을 것이고 반드시 성공하여 더 이상 빚에 시달리며 살지 않을 것이다. 성격 좋다는 말을 많이 듣고 살아서 나는 내가 진짜 성격이 좋은 줄 알았다. 그러나 절실히 깨달았다. 나는 성격이 좋은 것이 아니라 남들의 칭찬에 휘둘려서 그런 사람으로 살아가고 있었다. 이제부터는 칭찬에 휘둘려서 나 자신을 감추며 살지 않기로 했다.

남들이 인정하든 안 하든 내가 하고 싶은 일을 하며 한 번뿐인 내 소중한 인생을 살 것이다. 여자가 철근을 팔면 어떤가. 앞으로는 더 적극적으로 철근을 팔 것이다. 남의 시선 따위는 신경 안 쓰고 내 할 일 하면서 더 열심히 살아야겠다. 누가 대신 살아주는 것도 아니고 가만히 있다고 돈을 주는 것도 아닌데 내가 남의 눈치를 왜 보면서 살았는지 한심하다. 책도 많이 읽고 마케팅도 하고 배운 것을 생각에 그치지 않고 행동으로 옮겨서 더 적극적으로 해야 발전이 있을 것이다. 가지도 않고 닿을 것을 바라면 안 되니 나는 닿을 때까지 가기를 멈추지 않을 것이다. 더 이상 징징대지 않고 이루어내서 나 자신이 만족하는 삶을 살 것이다. 남들의 칭찬과 인정에 휘둘리지 않고 나 자신이 원하는 미래를 만들어갈 것이다.

오늘도 다짐한다. 내일은 오늘보다 더 나아지고 성장할 것이다. 생각하는 대로 행동하지 않으면 행동하는 대로 생각하게 된다는 말이 있다.
나의 생각과 상상은 현실이 되어 내 눈앞에 나타날 것이다. 나의 성장과 성공이 다른 사람들에게 도움이 되는 삶을 살 것이다. 나 같은 사람도 해냈는데 당신은 더 잘할 수 있다고 격려하고 도와주는 사람이 되고 싶다. 그런 사람이 되기 위해서라도 나는 반드시 힘껏 일어나서 내 길을 가야 한다. 내일 내 앞에 닥쳐올 일들이 꿈만 같지만 두려워하지 않고 맞서서 이겨내어 하루의 성공자가 되어 돌아오리라. 나는 할 수 있다. 어떠한 고난에도 흔들리지 않고 꿋꿋하게 버티며 이겨낼 것이다. 나는 원래 그렇게 강하고 멋진 사람이었으니깐. 다 이겨내고 성공한 모습만을 상상하며 앞으로 나아간다. 어떤 것에도 휘둘리지 않고.

04

상처에
일일이 반응하지
않을 용기

 

가족 때문에 힘들어하는 20대 어린 여자가 있었다. 어머니는 몸이 아
프셔서 일을 할 수가 없고 아버지는 노동일을 하시는데 사기까지 당하셔
서 빚을 지고 힘들어하신다. 어린 동생은 마음을 잡지 못하고 밖으로 나
돌고 집을 들어오지를 않는다. 이렇게 자기를 힘들게 하는 가족으로부터
도망가고 싶은 마음뿐이다. 그런데 이런 가족을 나 몰라라 하고 독립할
수가 없어서 고민했다. 울먹이며 고민을 털어놓는데 마음은 아프지만 진
심 어린 독설을 해야겠다고 마음먹고 이야기를 풀었다. "만약에 강에 엄

마랑 둘이 빠졌는데 혼자는 살 수 있다면 엄마의 손을 놓고 나올 수 있겠는가?", "아니요."

"그럼 질문을 바꿔서 엄마 생각에는 손을 놓으면 딸이라도 살 수 있다면 딸이라도 살기를 바라겠는가 아니면 의리 없이 엄마 손을 놓았다고 원망하겠는가?" 한참을 고민하더니 "딸이라도 살기를 바랄 것 같아요." 라고 대답한다.

물론 둘 다 살 수 있다면 그게 최고지만 그럴 수 없다면 어린 딸이라도 살아서 나가야 누구한테 도움을 청하든 하다못해 나뭇가지라도 던져줄 수 있지 않겠나. 여자는 그렇긴 한데 가족을 뒤로하고 독립을 하는 것은 말처럼 쉽지 않다고 한다. 맞다. 쉬운 결정은 아니다. 특히나 20대의 어린 여자에게는 더더욱 어렵다. 그렇다고 둘 다 빠져서 죽을 수는 없지 않은가. 어렵지만 결정하고 물 밖으로 빠져나와서 다른 방법을 찾아보라고 했다. 내가 부모를 선택해서 태어날 수는 없지만 내 인생은 내가 선택할 수 있지 않은가. 남은 가족은 가족들대로 또 방법을 찾아서 살아간다. 내가 있어야만 될 것 같아도 그렇지 않은 경우도 많다. 일일이 모든 일에 내가 신경 쓰지 않아도 어떻게든 분명히 살아간다고 조언을 해줬다. 얼마 후 연락이 왔다. 힘든 결정이었지만 독립을 하고 나니 서로 오히려 사이가 좋아지고 가족 때문에 받던 스트레스도 줄어 살 것 같단다.

나 없으면 안 될 것 같아도 각자의 방법대로 살아가게 되어 있으니 너무 가족에게 얽매여서 힘들어하지 않기를 바란다. 특히 요즘 엄마들이 문제다. 어른이 된 자식에게도 일일이 간섭하고 물어보고 참견한다. 모든 일을 해결해주려고 한다. 사랑이라는 이름으로 결혼한 자식에게도 일일이 간섭하고 잔소리한다. 엄마가 없으면 아무 일도 할 수 없는 사람으로 착각하고 있는 듯하다. 이제 자식을 믿고 세상 밖으로 내보내야 한다. 우리 자식들은 우리가 알고 있는 것보다 훨씬 대단하고 훌륭하다.

내 안에 가두지 말고 세상 밖에 던지면 본인들 일은 다 알아서 잘하게 되어 있다. 자식은 믿어주는 만큼 자란다고 했다. 부모님을 못 믿고 걱정만 하던 20대 어린 여자는 이제 자신을 믿고 부모님을 놓아주니 부모님도 알아서 강가로 헤엄쳐 나온다. 미련을 버리지 못하고 손을 놓지 않았다면 둘 다 죽었을 것이다. 가족에게 사랑이라는 이름으로 일일이 모든 상처나 어려움에 반응하지 말고 각자의 인생을 살아가야 한다. 나의 인생을 살아갈 용기를 내어야 한다. 가족은 언제나 나의 힘의 원천이고 내가 살아가는 이유이기도 하지만 내가 살아야 가족도 있는 것이다.

누군가 다시 돌아가고 싶은 나이를 묻는다면 당연히 나는 20대 시절이다. 그냥 나이만 들어도 상큼하고 예쁘다. 눈부시게 푸르렀다. 돈이 없어서 좀 초라하긴 했어도 돌이켜보면 가장 아름다운 꿈같은 시절이었던 것 같다. 그때는 그때대로 고민도 많고 힘든 일도 많았지만 다시 돌아간다면 더 씩씩하고 멋지게 살아갈 수 있을 것 같다. 재벌인데 병원에 누워 있는 사람과 대통령까지 했는데 감옥 있는 사람과 돈도 없고 가진 것이라고는 없지만 20대다. 고를 수 있다면 누구를 고르겠는가. 두 번 생각할 필요도 없는 질문이다. 20대는 돈이 없고 꿈만 있는 것이 당연하다. 상처뿐인 날들이 수두룩하다.

그럼에도 불구하고 20대는 누구에게나 희망이 있어 좋은 시절이다. 시골에서 도시로 올라왔지만 촌티 내지 않고 살려고 노력했었다. 그런데 어딜 가나 사람들이 알아봤다. '고향이 어데고?' 말투는 참 고치기 힘들었다. 어린 나이에 직장생활 하는 것도 힘든데 시골 출신이라고 놀리는 말에는 상처를 많이 받았다. 말을 하지 않고 살 수는 없으니 말투를 고쳐 보려고 저녁마다 책을 큰소리로 읽어도 보고, 나름 사투리를 고쳐보려고 연습하기도 했었다. 노력에 비해 잘되지 않았지만 차츰 좋아지고는 있었다. 어린 내 마음에 상처는 사투리뿐만이 아니었다. 대학을 못 간 콤플렉스가 더 큰 상처였다. 도시에 나와서 아르바이트하며 만난 친구들이 다 대학생이었기 때문에 대학생이 아닌 나는 많이 위축되고 어느 학교 다니냐고 물어보면 난감할 때가 많았다. 그렇다고 대학교에 가서 대학생이 되고 싶다는 생각은 하지 않았다. 어차피 포기한 대학에 대한 미련은 없었다. 그런데 이상하게 대학생들 앞에서는 작아졌었다.

한 번은 부산에서 제일 알아주는 부산대학교에 다니는 오빠랑 미팅을 한 적이 있다. 오빠는 대학교에 안 다니는 것이 뭐 중요하냐고 하더니 친구들 앞에서는 나를 다른 대학교 다닌다고 소개를 했다. 자존심도 상하고 상처도 되었다. 다시는 만나지 않겠다고 다짐하고 이별을 통보했더니 울며불며 따라다녔다. 한 편으로는 통쾌하기도 하고 했지만 다른 한 편으로는 씁쓸하고 착잡했었다. 대학교에 대한 내 상처는 생각보다 깊었다.

그걸 알아챈 것이 우리 아이들을 낳고 나서이다. 나는 아이들을 좋은 대학에 보내고 싶은 열망으로 어린아이 때부터 조기교육의 열을 올렸다. 너무나 간절히 남들이 부러워하는 좋은 대학에 보내고 싶었다. 아이 친구의 엄마 중에 누구라도 좋은 대학 나온 여자가 있으면 그 여자랑은 말도 하기 싫었다. 가만히 있는 여자를 뒤에서 뒷담화도 했었다. 내가 대학을 못 간 콤플렉스와 상처를 엉뚱한 사람에게 풀고 있었던 것이다. 참 바보 같고 어리석은 행동이었다. 내 상처를 알고 내 아이들의 공부 수준을 알고 나서는 정신을 차렸지만 어린 아이들에게 조기교육이랍시고 강제로 주입식 공부에 목숨을 걸었던 나를 다행히 그리 늦지 않게 반성했다.

상처가 많은 사람은 주변 사람들을 불편하고 어렵게 한다. 예민하게 반응하기 때문에 말을 하기가 어렵다. 당연히 사람들과의 관계도 매끄럽지 못하고 트러블이 많다. 나도 그랬었다. 누군가 대학교 얘기만 나오면 예민하게 반응했었다. 다행히 지금은 다른 사람이 자기 아이 대학 얘기를 해도 편하게 받아주고 대학은 중요하지 않다고 자신 있게 조언까지 해준다. 나는 내가 받은 상처를 인지하고 더 이상 상처로 받아들이지 않기로 했기 때문에 상처가 안 된다. 내가 받은 모든 상처에 일일이 반응하게 되면 평범하게 살아가기는 힘들 것이다.

상처는 치료할 수 있으면 치료하고, 소화할 수 있는 작은 상처는 소화시키고, 이도 저도 안 된다면 반응을 하지 말자. 일일이 반응해서 다 해결하려 하지 말고 그냥 넘어가는 용기가 필요하다. 그냥 넘어가는 상처는 살아가다 보면 어느 순간 누군가에게서 보상을 받을 수도 있고 자연적으로 치유가 될 수도 있다. 상처에 일일이 다 반응하지 않을 용기만 있다면 가족 간의 관계에서도 친구와의 관계도 한결 편해지고 부드러워질수도 있다. 더 나아가 사람들에게서 받는 상처가 더 이상 상처가 되지 않을 것이다. 상처에 까칠하게 반응하지 말고 유연하게 대처하면 내 마음에 따뜻한 봄날이 찾아올 것이다.

05

나는 충분히
괜찮은
사람이다

어느 노부부가 있었다. 할머니가 할아버지와 이혼하고 싶다고 하셨다. 할아버지는 죽을 날 다 되어 남사스럽게 뭔 이혼이냐고 화를 내신다. 할머니는 죽기 전에 이혼하고 싶다고 하신다. 제삼자인 우리가 들어보면 귀여운 사랑싸움 같아 웃음이 나지만 할머니는 진지하셨다. 할머니는 무능력한 할아버지 때문에 평생 고생하신 것이 억울하고 분해서 더는 못 사시겠다고 하셨다. 할아버지는 할머니가 본인을 무시하시고 고집 세고 자기 멋대로라 많이 참으셨단다. 두 분이 팽팽하게 싸우지만 우리가 보기에는 이혼을 하고 싶어 그러시는 것이 아니라 서로 상대방으로부터 인정을 받고 싶어 그러시는 것으로 보였다. 부모님 밑에서 자라던 어린 시절이 지나고 어른이 되어 가정을 이루어 아이들 낳고 키우며 머리가 하얗게 되도록 평생을 이런저런 세상사 겪으며 살았는데 왜 인정받고 싶지 않겠는가. 할머니는 할아버지에게 고맙다, 고생 많았다는 말씀을 듣고 싶으실 테고 할아버지는 할머니가 당신이 옆에 있어서 든든하고 좋았다는 말씀을 듣고 싶으실 것이다.

그렇게 긴 세월 표현은 하지 못했어도 서로를 사랑하며 의지하며 살아왔는데 얼마나 많은 말이 듣고 싶으실까. 그런데 서로에게 서운한 감정을 이혼하고 싶다는 말로 대신하고 계시는 것 같았다. 끝나지 않을 것 같은 싸움을 한마디로 정리해드렸다. "그라믄 결혼 말고 졸혼을 하세요." 했다. 처음엔 졸혼이 뭔지 몰라 어리둥절하시다가 자세히 설명을 드렸더니 "그라믄 그렇게 한번 살아보까?" 하신다. 물론 두 분은 예전처럼 여전히 이혼하자, 못 한다 하시면서 그냥 그 집에 그대로 살고 계신다. 따로는 못 사시겠단다. 말로는 뭐 두 집 살림하면 돈도 많이 들고 어쩌고 하시지만 사실은 그냥 같이 살고 싶은 것이다. 두 분이 투덕거리면서도 같이 산책과 식사도 함께 하시며 서로의 건강도 챙기시며 다니시는 모습이 보기 좋다. 한 번씩 지나가는 말로 아직 이혼 안 하셨냐고 물어보면 할머니는 항상 언젠가는 할 것이라고 큰소리치신다. 참 귀여운 노부부여서 나도 저렇게 늙어가고 싶다는 생각이 들기도 했다. 입가에 미소가 번지게 하는 노부부를 보면 우리 부부도 서로를 반성하게 된다.

지금은 사정상 남편이랑 잠깐 떨어져 있다. 그런데 우리 부부도 함께 있을 때는 늘 이혼을 말하며 서로에게 서운함을 표현했다. 아무것도 모르던 우리 둘은 어린 나이에 결혼해서 참 오랜 세월을 많이도 싸우고 많이도 사랑하고 의지하며 살았다. 돌이켜보니 참 눈물 나는 세월도 있었고 즐겁고 행복한 시간도 많았다. 아이들이 훌쩍 자라서 우리가 결혼하던 나이보다 더 어른이 되었다. 그렇게 어린 나이에 살아보겠다고 힘든 일도 마다않고 열심히 살았던 우리 부부다. 착하고 마음 따뜻한 우리 남편 때문에 행복한 순간도 많았다. 호강시켜주겠다는 약속을 안 지킨다며 농담하면서 모든 일을 함께 헤쳐나온 세월들이 주마등처럼 지나간다. 어려운 일들이 우리 앞을 가로막아 넘겨졌을 때마다 긍정과 열정으로 일어나곤 했다. 지금은 실패한 사업 때문에 죽을 만큼 힘들지만 또 힘을 합쳐

같이 해결하고 살아나갈 것이라 믿는다. 이제는 이렇게 단단해졌지만 힘들 때마다 서로에게 상처주는 말들을 얼마나 많이 했는지 모른다. 부부라도 서로의 입장을 생각해 말을 해야 하는데 우리는 그냥 서로 자기 말만 계속했다. 관계에서 오는 갈등은 배려하고 서로 대화로 풀어야 하는데 그런 생각 자체를 하지 않으니 상처는 깊어만 갔다.

나는 나 자신이 대견하다는 생각을 할 때가 한 번씩 있다. 학교에서 배운 약간의 지식과 건강한 몸만 딸랑 들고 시골에서 도시로 나왔다. 그러나 두려워하지 않고 모르는 것은 물어 알아가고 틀리고 넘어져도 벌떡벌떡 일어나서 오늘까지 왔다. 너무나 씩씩하게 열심히 살아가는 나를 나는 칭찬한다. 남들은 나를 보면 여장부라고도 하고 기가 세다고도 한다. 다른 여자들은 그런 말이 싫을지 몰라도 나는 그런 말이 듣고 싶었다. 세 보인다는 말이 너무 좋다. 세 보이고 싶어서 노력도 많이 했다. 여자라고 만만하게 보고 무시하는 것은 어떤 사람도 좋아하지 않겠지만 나는 더더욱 싫어한다. 어딜 가나 당당한 내가 너무 좋다. 예전엔 그러지 못해서 많이 울었다. 누가 말을 하면 억울해서 눈물부터 났다. 이제는 울지 않고 소신 있게 말할 수 있다. 아니, 그 누구에게도 눈 똑바로 바라보며 말할 수 있다. 나는 이런 내가 너무 대견하고 좋다. 그렇다고 남을 무시하거나 함부로 하지 않는다. 충분히 배려하고 들어주고 친절을 베푼다. 그러나 상식에서 벗어나는 말과 행동을 하면 한두 번은 참아주지만 계속 봐주지는 않는다. 사람들과의 관계에서 불편하게 하는 행동은 뒤에서 욕하지 않는다. 앞에서 따끔하게 한마디 하거나 될 수 있으면 기분 나빠하지 않는 방법으로 일침을 가한다. 그래서인지 주변에서는 나에게 상담을 하거나 도움을 청하는 일이 많다. 일일이 다 받아주지는 않는다. 필요 이상으로 끼어들지도 않는다. 그러나 도와주고 싶을 때는 항상 진심이다. 이런 오지랖이 나를 많이 바쁘게 하기도 한다. 이렇게 단단한 내공이 생기기까지는 나도 우여곡절이 많았고 사건 사고도 많았다. 지금은 웬만한 일에는 눈도 깜짝하지 않는다. 주변에는 나이를 떠나서 친구처럼 지내는 사람들이 많다. 여자, 남자 따로 생각하지 않는다. 그냥 동시대를 살아가는 친구이다. 그런 나를 부담 없어 하고 편하게 생각해서인지 어디를 가나 무엇을 하나 부른다. 나는 모든 종류의 사람들과 관계 때문에 힘들어서 밤을 지새우고 울던 날이 많았다. 그러나 지금은 그런 사람들과의 관계는 너무 쉽다. 어려운 관계는 없다. 나를 힘들게 하는 관계는 더 이상 계속 이어가지 않는다. 모든 관계는 내가 편하게 생각하고 사람들을 대하기 때문에 상대방들도 편하게 대해준다. 세상을 살아보니 모르는 것이 어렵고 두려워하면 어려워진다. 나는 어떠한 일도 사람들과의 관계도 어려워하지 않는다. 쉽게 생각하고 쉽게 풀어가려 노력한다.

앞에서 언급한 노부부가 본인들만의 방법으로 세상을 살아가듯이 나도 나만의 방법으로 남편과도 더 이상은 싸우지 않는 관계를 연구해봐야겠다. 주변 친구들과 가족들과의 관계도 모두 쉽고 편하게 잘할 것이다. 나는 충분히 괜찮은 사람이고 앞으로도 괜찮은 사람일 것이기 때문이다. 지금 지하 10층쯤 내려가 있는 내 현실이 나를 더 일으키는 원동력이 된다.

나의 자존감이 지하에서 지상으로 올라오고 있다. 자신감으로 똘똘 뭉쳐서 지상에서부터는 탑을 쌓아 올라갈 것이다. 내 자존심이 하늘을 찌를 날이 멀지 않았다. 우리 부부가 노부부가 되어 손 꼭 잡고 산책 다니며 옛이야기 하는 날이 올 때까지 나는 긍정적이고 열정적으로 살아갈 것이다. 반드시 성공하여 내가 정말 괜찮은 사람이라는 것을 보여주고야 말 것이다. 길을 잃고 헤매는 청춘들에게 혹은 넘어져서 울고 있는 이들에게 도움이 되는 사람으로 살 것이다. 꼭 돈이 아니더라도 인생에 멘토 같은 사람이 되고 싶다. 나의 도움과 응원으로 잘 되어 성공한 모습을 본다면 그보다 기쁜 일이 없을 것 같다.

행복하고 감사한 일들로 가득한 나로 살아가다가 남에게도 행복을 주는 사람으로 살 것이다. 새로운 일에 거침없이 도전하고 열정을 다하다 보면 나의 이런 생각들이 현실이 되어 내 눈앞에 나타날 것이다. 그런 날들을 기대하고 바란다. 죽기 전에 나는 참 괜찮은 삶을 살았노라고 회상하고 싶다. 최소한 다른 이들에게 도움이 된 멋진 사람이 되어야 한다. 그러기 위해선 지금보다 더 노력해야 한다. 건강하고 에너지 넘치는 나는 이미 충분히 괜찮은 사람이다.

06

# 내면이 건강해야
# 관계도
# 좋아진다

아이들이 컴퓨터 게임에 중독될까 걱정하는 부모들이 많다. 그도 그럴 것이 요즘 아이들은 놀이터나 밖에 나가서 뛰어 놀지 않고 집에서 스마트폰이나 컴퓨터로 게임을 하고 놀기 때문이다. 특히, 남자아이들은 친구들을 만나러 나가도 피씨방에 가서 게임을 하고 논다. 어릴 때부터 게임을 하며 놀다 보니 다른 노는 방법을 잘 모르는 것 같다. 우리 집 밑에 있는 놀이터는 항상 비어 있다. 우리 아이들이 어릴 때도 게임 중독을 걱정했지만 다행히 중독은 아니고 적당히 친구들과 노는 정도다. 부모들이라면 당연히 걱정된다. 가상공간에서 현실로 빠져나오는 것은 어려운 문제이기도 하지만 학업으로 인한 스트레스를 게임으로 풀다 보면 점점 공부도 소홀해질 것 같아서이다. 무엇이든 적당히 하면 좋으련만 잘 안 된다. 어른이 되어서도 게임으로 세월을 보내는 한심한 아들들이 많다. 한번 빠지면 좀처럼 나오기 힘든 것이 중독이라는 것이다. 담배나 마약, 하다못해 운동도 요즘은 중독이 많다. 처음엔 호기심으로 시작했지만 점차 빠져서 죽을 만큼 노력해도 끊기 힘들다. 자신의 건강과 몸을 위하여 운동을 많이 하는데 운동중독인 사람들이 의외로 많다. 이 운동이 중독되면 진짜 무섭다. 하루라도 운동하지 않으면 힘들어하고 음식을 좀만 많이 섭취해도 죄책감마저 느낀다. 운동도 여러 가지가 있는데 요즘은 집에서 하는 '홈트'가 인기다. 바쁜 시간 쪼개서 헬스장이나 헬스 클럽에 가기 힘드니 집에서 간단하게 운동하는 것이다. 몸을 힘들게 하고 땀이 나야 만족하고 하루 할 일을 다 한 것 같은 기분이다. 운동중독은 남자들이 더 많다. 운동하지 않으면 몸이 아픈 것 같은 이상증세까지 느낀다.

모든 운동을 다 좋아하는 우리 남편도 그렇다. 한 가지 운동을 하게 되면 밤낮없이 운동에만 매진한다. '적당히'가 없는 남자다. 운동 때문에 가족을 힘들게 하는 것은 바람직하지 않다고 본다. 운동을 목숨 걸고 하니 이제 말릴 힘도 없다. 자신의 건강을 위한 일이 맞는지 의심스럽다. 과도한 운동은 오히려 건강을 해치지 않을까 싶다. 담배도 못 끊는다. 담배는 아주 오래된 중독증상 중에 한가지다. 다행히 술을 못 마시니 알콜 중독은 걱정 안 해도 될 것 같다. 축구 선수가 꿈이었다고 한다. 그래서 한동안은 축구에 빠져서 일요일마다 조기 축구는 기본이고 매일 퇴근하고도 근처 초등학교 운동장에서 아이들 아이스크림 사 주어가며 축구공을 몰고 다녔다. 아이들이 집으로 돌아가고 없으면 운동장 벽에다 대고 혼자 계속 연습했다. 동생에게 배신당하고 힘든 시간을 보낼 때는 골프에 빠졌다. 회사 출근도 하지 않고 골프연습장에 가서 오전 내내 연습하다가 점심때나 되어서야 사무실에 출근했다. 저녁에는 스크린골프장에 가서 밤이 늦도록 놀다가 들어왔다. 괴로운 마음을 운동으로 푸는 것 같아서 한동안은 말을 안 했는데 너무 일에 신경을 쓰지 않고 골프에만 미쳐 있으니 답답할 노릇이었다. 사람들은 나보고 마음 좋다고 잔소리 안 하는 것이 신기하다 했지만 그런 사람인 것을 아는 이상 어찌할 수가 없었다. 담배와 골프를 동시에 끊을 방법이 있다면 몰라도 그렇지 않다면 그냥 내버려두어야 한다는 걸 안다. 이미 중독되어 혼자 힘으로는 빠져나

상처주지 않고 상처받지 않는 관계의 기술

오기 힘든 상태다. 축구도 담배도 골프도 어떤 계기가 되면 끊을 수 있는 날이 올 것이라 생각한다.

　이미 중독된 것에서 빠져나오려면 웬만한 각오나 다짐으로는 힘들고 죽을힘을 다해야 한다. 독하게 노력해야 한다는 말이다. 중독이라는 것이 전염성이 강해서 주변을 다 전염시키고 삶을 피폐하게 만든다. 악순환의 고리를 잘라내야 한다. 무엇에라도 중독이 되었다면 더 늦어서 더 이상 빠져나오기 힘들어지기 전에 스스로 자신을 위해 결단을 내려야 한다. 죽을 만큼 힘든 순간이 오면 그냥 포기하는 사람도 있지만 더 강하게 이겨내는 사람도 있다. 이겨내는 힘은 내면이 건강해야 생긴다. 내면이 건강한 사람은 중독에서 빨리 벗어나고 새로운 삶을 준비할 수 있다. 내면이 건강해지면 당연히 사람들과의 관계도 좋아진다. 쉽게 상처받지도 않고 쉽게 흔들리지 않는다. 그러다 보면 상대방의 말에 예민하게 굴지 않고 오히려 농담으로 웃어넘길 수 있는 마음의 여유도 생긴다. 중독에서 벗어날 수 있을 정도의 내면을 가진 사람이라면 더 이상 관계에 대한 고민은 하지 않아도 될 것 같다. 그렇다면 내면은 어떻게 하면 건강해질 수 있을까? 보이는 것도 아니고 본인만 알 수 있는 내면의 세계를 건강하게 유지하는 방법에는 어떤 것이 있을까?

일단, 마음 근육 키우는 일부터 해야 한다. 어떤 말에도 상처받지 않고 유연하게 대처할 수 있는 마음을 가져야 한다. 연약하고 가늘어진 근육을 단단하고 빵빵하게 다듬어서 의연하게 혼자의 힘으로도 일어설 수 있어야 한다. 나의 내면은 내 것이고 나만이 알 수 있다.

건강하게 유지되는 내면은 누구도 건드릴 수 없는 묵직한 무언가가 있다. 내가 아는 인물 중에는 미국의 유명한 토크 쇼 사회자인 오프라 윈프리가 강한 내면을 가진 사람 중에 대표적인 인물이다. 가난하고 불행한 어린 시절을 보내고 사촌들에게 성폭행을 당한 불우한 청소년기를 보냈다. 모든 것을 포기하고 술과 마약에 찌들어 살던 그녀였지만 보란 듯이 성공하여 지금은 갑부이자 미국의 영향력 있는 유명 인사 중 한 명이 되었다.

지금 성공한 모습의 그녀를 보면 누구도 오프라 윈프리가 불행한 삶을 살았을 것이라 예상하지 못했다. 원래부터 잘 나가는 사회자였을 것이라 생각했다. 오프라 윈프리가 자신의 불행을 드러내는 용기는 내면이 누구보다 더 강하다는 것을 반증한다. 비록 겉으로 보이는 모습은 약하고 초라했지만 내면은 누구보다 강했기에 지금의 오프라가 있다. 자신의 불행을 드러내는 것은 작은 용기로는 안 된다.

내면이 건강하고 마음의 크기가 크기 때문에 불행을 이겨낸 모습이 더 값져 보인다. 이겨 낸 자만이 누릴 수 있는 내면의 승리이다. 내면이 강하니 누구와도 힘들어하지 않는다. 어려워하지 않는다. 자신의 생각을 거침없이 말하고 상대방의 말도 경청하며 사람들이 궁금해하는 토크를 끌어낸다. 전 세계인이 보고 있고 유명인들이 출연하고 싶은 유일무이 토크 쇼가 되었다. 이처럼 내면이 건강해지면 자신감이 넘친다. 자신감은 상대방을 배려하는 여유도 생기게 해준다. 자신감은 사람들과의 관계에서 아주 중요하다. 자신감이 넘치는 사람은 주눅 들지 않고 누구에게도 자신의 주장을 말할 수 있다. 물론 상대방의 기분도 헤아려서 더 좋은 관계를 만들어갈 수 있다. 중독을 이겨내는 힘도 불행을 행복으로 만들어내는 힘도 결국은 내면의 힘이다. 나의 내면이 강해지면 내가 세상에 맞서서 이겨내는 힘 또한 강해진다. 그러므로 내면이 건강해야 관계도 좋아질 수 있다.

07

어차피
다 좋을 순
없다

회원이 40여 명 되는 클럽에 회장을 맡은 적이 있다. 제각각인 회원들의 마음을 다 헤아리고 회원들 간의 친목을 도모하고 단결시키는 일은 쉬운 일이 아니었다. 모임 있는 날 참석을 유도하는 일부터 회비를 모금하고 회칙에 준하여 회를 이끌어 가는 일은 회사에서 돈을 버는 일보다 어려웠다. 일 년에 한 번 하는 회원들과의 여행을 계획하고 준비하고 진행하면서는 더 많은 어려움을 겪었다. 각자가 원하는 요구사항이 다르고 처음 맡은 회장 일이니 남들보다 잘해보고 싶은 내 욕심까지 더해서 나를 도와주는 총무 재무까지 힘들게 했다. 여행지는 제주도. 열심히 준비한다고 했지만 부족한 부분도 있었다. 아는 친한 지인이 하는 여행사에서 준비한 행사라 믿고 맡겼는데 숙소가 너무 마음에 안 들었다. 돈이 더 들어도 좋으니 더 깨끗하고 좋은 숙소를 다시 준비해달라고 요청했는데 주말이고 예약이 다 차서 안 된다는 것이다. 안 그래도 신경을 잔뜩 세우고 다니던 중인데 숙소 때문에 너무 화가 났다.

더는 못 참고 폭발했다. 운행 중이던 관광버스를 세워놓고 숙소가 해결되어야 움직일 거라고 경고했다. 여행사를 운영하는 지인은 어쩔 줄 몰라 하고, 차 안에서 기다리던 회원들도 즐거운 분위기를 망치고 화가 나 있는 나의 모습에 눈치만 보고 있었다.

시간이 많이 지나 한참 만에 다행히 깨끗하게 새로 지은 숙소를 구해서 해결이 되었다. 너무 완벽하게 잘하고 싶은 내 욕심 때문에 나도 화가 났지만 무엇보다 회원들이 내 눈치를 보는 것이 미안했다. 저녁 식사 자리에서 회원들께 솔직하게 말하고 사과했더니 모두 흔쾌히 받아주었고 고생한다고 오히려 박수를 보내주었다. 어차피 모든 회원이 다 만족하는 여행이 될 수는 없는데 나는 한 명도 불편하지 않은 완벽한 여행을 선물하고 싶었었다. 그 욕심이 회원들을 더 불편하게 했다. 어차피 다 좋을 순 없다는 걸 인정하고부터는 좀 편안한 일정을 보낼 수 있었다. 저녁 식사를 마친 회원들에게 특별한 이벤트를 해서 잠 못 드는 밤을 만들어주었고 그날 밤의 일은 두고두고 이야깃거리가 되고 우리 회원들만의 추억이 되었다.

지금은 회장직을 내려놓고 일반 회원으로 참석하는데 그때 회장을 하며 배운 점이 참 많았다. 여러 명의 회원들은 성격이나 생각하는 모든 면이 다 다르다. 다르다는 점을 인정하면 회원들과의 소통이 좀 쉬울 수도 있는데 처음에는 그걸 몰라서 힘들었다. 일반 회원은 나만 잘하면 되는데 회장이 되면 전 회원들과 잘 지내야 한다. 마음을 더 써야 하고 배려해야 하고 더 많은 말을 들어주어야 한다. 그동안 살아오면서 몰랐던 사람들과의 관계에서 오는 어려움을 회장직 한 번으로 다 배웠다. 나의 의식을 한 뼘 성장하게 만들었고 더 깊은 마음을 갖게 하는 좋은 계기로 삼을 수 있었다. 역시 세상에는 다 좋은 것도 없고 다 나쁜 것도 없다. 바쁜 일상을 쪼개서 회장을 하며 신경 쓰고 노력한 만큼 나의 성장으로 돌아온 것이다. 어차피 모든 사람들과 다 잘 지내며 다 좋을 순 없다. 욕 좀 먹을 걸 각오하는 순간 모든 관계가 편안해진다.

나의 남은 인생에서 가장 중요한 일을 세 가지 정도로 뽑으라면 건강, 가족, 인간관계이다. 건강은 아무리 강조해도 지나치지 않은 일이고 다른 무엇보다 우선시 되어야 하는 일이다. 건강하게 사는 것보다 중요한 일은 없다고 생각한다. 나이 들어서 병들고 아픈 나의 모습은 상상하기도 싫다. 농담처럼 늘 말한다. 불꽃처럼 살다가 70대에 아프기 전에 죽고 싶다고. 솔직한 내 마음이기도 하고 사랑하는 가족들에 대한 나의 바람이기도 하다. 가족은 나의 살아가는 이유이고 원동력이고 힘이다. 내가 세상에 와서 제일 잘한 일은 나의 가족을 만들고 아이들을 낳고 키운 일이다. 누구에게나 그렇겠지만 나를 철들게 하고 나를 사람 만든 것도 나의 가족 나의 아이들이라고 생각한다. 가족이 없는 나는 없고 가족은 그냥 나의 모든 것이다. 그런데 이제는 아이들도 어른이 되었으니 살살 놓아줄 때가 된 것 같다. 아직은 내 품에 안고 있고 싶은데 그건 나의 욕심이고 이제부터는 품에서 세상을 향해 힘찬 날갯짓을 할 수 있도록 날려주어야 한다. 남편과 둘이 인생 3막을 준비하여 남은 인생을 후회 없이 살 수 있도록 준비를 해야 할 것 같다.

그리고 마지막 인간관계. 내가 숨 쉬고 살아가는 모든 순간이 인간관계의 연속이다. 태어나면서부터 죽을 때까지 관계로 이어져서 뗄 수 없는 관계 속에서 살아가게 된다. 부모와의 관계, 친구와의 관계, 직장에서의 관계, 이웃과의 관계, 연인과의 관계, 시댁과 친정과의 관계, 아이와의 관계, 그밖에 사회 모든 면에서 오는 관계들이 있다. 이 관계만 잘하고 살아도 얼마나 수월한지 모른다. 도움을 받을 수도 있고 도움이 될 수도 있으며 알게 모르게 매일 닿는 인연의 관계들이 나의 인생을 더 빛나게 해줄 것이다. 관계를 어려워하지 말고 당당히 맞서서 모든 사람들을 내 편으로 만들어라. 더 이상 관계에서 오는 상처는 주지도 말고 받지도 말자. 대단한 기술이 필요하지 않다. 그저 진심인 마음만 있어도 충분하다.

상대를 진심으로 위하고 칭찬하는 말을 하고 위로의 따뜻한 말이 서로의 관계를 더 잘 이어줄 것이다. 언제나 어느 순간에도 제일 중요한 사람은 나 자신이라는 걸 잊지 말고 자존감을 최대한 끌어 올려서 내면을 다

지면 상처는 더 이상 상처가 되지 않는다.

　내 주변의 가까운 사람 먼저 챙기고 가까운 사람의 말에 상처받지 않을 마음 근육을 키우자. 기대가 크면 실망도 크다는 사실을 잊지 말고 적당한 마음의 거리 두기를 하자. 상처받는 일이 있었어도 너무 오래 아파하지 말고 중요한 것이 무엇인지 인지하고 내 마음 먼저 챙기자. 존재감 있는 사람의 말투로 예쁘게 화장한 말을 하여 관계를 더 돈독하게 유지하자. 감사한 마음, 긍정의 언어로 나를 만만하게 보는 사람들에게 마저 나의 존재감을 심어주자. 너무 힘든 관계는 과감히 잘라내고 다친 마음 먼저 치료하여 상처에 일일이 반응하지 않을 용기를 기르자.

　나의 행복은 내가 만들어야 한다. 누구도 대신할 수 없는 나의 인생이고 누구도 다치게 할 수 없는 나의 마음이다. 하고 싶은 일을 하며 사는 것도 중요하고 좋은 사람들과 좋은 관계를 이어가며 사는 것 또한 중요하다. 이런 살아가는 모든 일들의 중심에 있는 것은 바로 나 자신이다. 내가 건강하고 행복하게 살아가는 것이 우주에서 온 이유이다. 내 인생을 내가 선택해서 우주로부터 왔으므로 내가 책임지고 가치 있는 멋진 인생을 살아가자. 고난을 이겨내고 불행을 행복으로 만들 수 있는 용기를 내자. 살아가는 일이 힘들고 고단해도 우리만의 꿈을 꾸며 희망의 끈을 놓지 말자. 어차피 모든 사람들과의 관계는 다 좋을 수 없다. 힘들고 무거운 관계는 내려놓고 내가 더 발전할 수 있는 관계만 끌고 가자.

생각이 곧 현실이 된다는 것이 나의 좌우명이다. 상상하는 대로 이루어진다고 믿는다. 머지않은 미래에 나의 생각은 현실로 나타날 것이니 좋은 생각, 긍정적인 생각을 하자. 내가 어떤 삶을 살아갈지는 내가 정하는 것이고 나의 생각이 정하는 것이다. 매일 성장하는 나의 모습을 칭찬하며 하루에 1%만 성장해도 백일이면 100%가 달라져서 지금까지 와는 전혀 다른 삶을 살아갈 수 있다. 이 책을 다 쓰고 난 이후의 삶이 기대되고 설렌다. 나는 어떠한 고난도 이겨낼 것이며 더 빛나는 삶을 살 것이다. 반드시 내 꿈을 이룰 것이다.

오늘도 나 자신에게 용기와 희망을 보낸다.